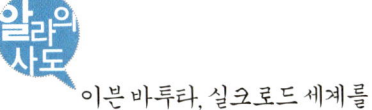
이븐 바투타, 실크로드 세계를 여행하다

실크로드로 배우는 세계 역사 ❿

알라의 사도
이븐 바투타, 실크로드 세계를 여행하다

아카넷주니어

▶**일러두기**
- 일부 나라명과 지명은 해당 지역의 발음에 따라 외래어 용례집을 참고해 표기했습니다.
- 이븐 바투타의 실크로드 여행 경로에서 몇몇 도시들은 생략되었음을 밝혀 둡니다.
- 책에 실은 도판들은 저작권자를 찾아 허가를 받아 사용했고, 저작권자를 찾지 못한 일부 도판은 최선을 다해 저작권자를 찾아 사용료를 지불하겠습니다.

{실크로드 Silk Road 비단緋緞길}

아주 오래전, 자신의 꿈을 이루기 위해 어떠한 위험도 감수하고 실크로드를 건넌 사람들이 있습니다. 하지만 그들이 남긴 글과 그들이 살았던 시대를 기록한 글 어디에서도 '실크로드'라는 말을 찾아볼 수 없습니다. 이 이름은 독일의 지리학자 페르디난트 폰 리히트호펜이 자신의 책인 『중국』(1877)에서 중앙아시아의 고대 교역로를 가리키는 말로 처음 사용했습니다. 이 길을 통하여 운반되었던 고대 중국의 비단(실크) 때문에 붙여진 이름이었습니다. 실크로드는 단순한 교역로가 아니라 세계의 동쪽 지역과 서쪽 지역을 잇는 문명 교류의 통로였습니다.

작가의 말

『알리바바와 40인의 도적』, 『신드바드의 모험』, 『알라딘과 요술 램프』 등 이국적인 모습과 신비한 이야기로 가득한 『아라비안 나이트』는 페르시아에서 인도에 이르는 넓은 땅을 지배하는 대왕 샤리야르 왕과 그의 동생 이야기로 시작합니다. 그런데 실제로 인류의 역사에서 북아프리카, 아라비아 반도, 페르시아, 중앙아시아, 인도에 이르는 넓은 지역이 하나의 종교 아래 하나의 세계였던 시기가 있었습니다. 바로 이슬람 제국 시기입니다.

이븐 바투타는 바로 이 시기 이슬람 세계를 거의 빠짐없이 여행한 사람입니다. 14세기 초에서 중반에 이르는 시기, 그는 고향인 북아프리카의 모로코에서부터 원나라 말기의 중국까지 지금의 국경으로 따지면 무려 40여 개가 넘는 나라를 30여 년에 걸쳐서 여행했습니다. 그를 그저 여행가가 아니라 대여행가라고 부르는 이유를 알겠지요.

그는 스물한 살의 나이에 이슬람교를 믿는 사람으로서의 의무를 다하기 위해 지금의 사우디아라비아에 있는 이슬람교의 성지, 메카로 순례 여행을 시작합니다. 그

는 순례를 마친 후 고향으로 돌아가지 않고, 사우디아라비아와 예멘이 있는 아라비아 반도와 지금은 이란이라고 불리는 페르시아 지역, 이슬람이 전해졌던 아프리카의 여러 나라를 거쳐서 현재 터키의 90퍼센트 이상을 차지하는 아나톨리아를 여행합니다. 그리고 비잔티움 제국이란 불렸던 동로마 제국의 콘스탄티노플을 잠시 방문한 후 남러시아 평원을 차지하고 있던 몽골의 킵차크 한국과 중앙아시아의 실크로드의 교역 도시로 번성했던 여러 지역을 거치고 험한 힌두쿠시 산맥을 넘어 인도 땅에 도착하지요. 여기서 그의 여행이 끝났을까요? 아닙니다. 우여곡절 끝에 실크로드 바닷길의 대표적인 나라들, 몰디브 제도, 스리랑카, 방글라데시, 인도네시아의 자바 섬과 수마트라 등을 거쳐 중국 땅에까지 발을 디디게 되지요. 어떻게 이런 놀라운 여행이 가능할 수 있었을까요? 자동차도, 기차도, 비행기도 없었던 그때에 말입니다. 당시는 교통수단이라고는 낙타 또는 말이 끄는 마차거나 튼튼한 두 다리거나 아니면 위험천만한 배가 전부였을 때였습니다. 여러분들은 이 책 속에서 이븐 바투타의 대여행의 비밀을 풀 수 있을 겁니다.

　「실크로드로 배우는 세계 역사」 시리즈는 세계 역사가 탄생한 실크로드 위에서 삶을 펼치며 세계 역사의 주인공이 된 열 명의 역사인물, 삼장 법사, 칭기즈칸, 마르코 폴로, 혜초, 고선지, 장보고, 알렉산드로스, 장건, 정화, 이븐 바투타의 이야기를 다루고 있습니다. 기원전 4세기부터 기원후 14세기까지 천여 년의 역사가 시리즈 속에 담겨 있고, 그 기간 동안 지구 동쪽의 사람들과 서쪽의 사람들이 서로 오고 가며 나누었던 역사의 이야기들이 이 시리즈 속에 생생하게 숨 쉬고 있습니다.

　그 마지막 권인 『알라의 사도 이븐 바투타, 실크로드 세계를 여행하다』는 14세기 이슬람 세계를 여행하면서 기원전 4세기 알렉산드로스 원정에 의해서 닦여진 실크로드의 서쪽 길을 걸어서 갔고, 중국 명나라 정화의 함대가 일곱 차례나 오고 갔던 실크로드 바닷길과 바닷길의 나라들을 그보다 조금 앞서서 간 대여행가, 이븐 바투타의 삶을 다루고 있습니다. 그가 여행했을 당시 육지 실크로드는 칭기즈칸 군대의 말발굽이 한차례 휩쓸고 지나가 폐허가 된 도시들이 곳곳에 남아 있었습니다. 동서

양을 잇는 거대한 문명 교류의 핏줄이었던 실크로드의 영광은 사그라졌지만 여전히 그 기능을 하고 있었지요. 반면에 이븐 바투타가 인도에서 중국으로, 다시 중국에서 고향으로 돌아오는 길은 바다 실크로드였습니다. 바다 실크로드에는 커다란 중국의 정크선들을 비롯한 여러 나라의 배들이 엄청난 물품을 싣고 동서로 활발하게 움직이고 있었습니다.

자, 그렇다면 육지 실크로드와 바다 실크로드를 따라서 전 세계 40여 개 나라를 여행했던 이븐 바투타의 눈과 발을 좇아 14세기 여러 나라의 사람들과 풍습, 그리고 흥미진진한 사건들을 만나 볼 준비가 되었나요? 그럼 우선 낙타 위에 높이 앉아 흔들흔들 여행을 시작해 볼까요?

박유상

[차례]

○작가의 말 6
○14세기 이슬람 세계의 여행자, 이븐 바투타 14
○이븐 바투타가 여행할 당시의 이슬람 세계 22

1장 어린 시절과 첫 번째 순례 여행
이슬람 법학자 집안에서 자라다 26
스물한 살, 메카로 순례 여행을 떠나다 32
예언자 알 무르시디를 만나다 39
첫 번째 순례 여행을 무사히 마치다 45

2장 본격적으로 여행을 시작하다
여행을 계속하기로 마음먹다 56
페르시아의 도시를 여행하다 60
술탄 아부 사이드를 만나고 바그다드로 가다 67
배를 타고 아프리카로 떠나다 71

3장 고대 실크로드를 따라 인도로 가다
인도에 대한 호기심이 싹트다 78
아나톨리아를 누비며 여행하다 82
킵차크 한국을 여행하다 88
실크로드의 옛 도시들을 지나 인도로 가다 94

4장 바다 실크로드를 따라 중국으로 가다
　　인도에서 10년간 머무르다 102
　　술탄의 사절이 되어 중국을 가다 107
　　바다 실크로드 나라들을 여행하다 112
　　중국 땅에 발을 디디다 115

5장 고향으로 돌아와 여행기를 남기다
　　고향 모로코로 돌아오다 120
　　이베리아 반도와 모로코를 여행하다 123
　　여행기를 구술하다 128

○ 실크로드로 배우는 세계·문화·역사 130
　　이븐 바투타는 어떤 사람일까요?
　　이슬람 제국의 역사
　　이븐 바투타가 활동했던 시기의 실크로드 세계
　　실크로드의 동쪽, 14세기 한반도
　　이븐 바투타가 여행한 나라들
　　이븐 바투타의 실크로드 여행 경로
　　세계 역사 연표

○ 찾아보기 147
○ 사진 출처 151

▶ **카파도키아**
현재 터키 동쪽에 있는 고원의 고대 지명이다. 실크로드의 중간 지점에 위치해 있어 크게 번성했었다. 로마의 지배를 받던 시절에 그리스교도들이 탄압을 피해 이곳으로 와서 살았다. 지금도 수천 개의 기암에 굴을 뚫어 만든 동굴 수도원이 남아 있다.
이븐 바투타는 아나톨리아 전역을 여행했다.

14세기 이슬람 세계의 여행자, 이븐 바투타

"아아, 도대체 저 높은 봉우리들을 어떻게 넘는다 말인가……. 과연 우리가 저 산을 넘을 수 있을까?"

"정말 저 너머에 인도 땅이 있는 거야?"

이븐 바투타와 알 투자리는 서로를 쳐다보며 한숨 섞인 말들을 주고받았습니다. 높이 솟은 봉우리 위에 아직도 눈이 쌓여 있는 힌두쿠시 산맥은 거대한 벽 같았습니다.

이븐 바투타가 고향을 떠난 지 벌써 9년째였습니다. 이븐 바투타는 이슬람교의 성지인 메카 순례 여행을 시작으로 지금까지 많은 곳을 여행하면서 여러 가지 일을 겪었습니다. 이곳에 오기 직전에는 목마름을 견뎌 가며 거친 사막을 여행했고, 그보다 훨씬 전에는 매서운 추위를 이겨 가며 아나톨리아를 여행하기도 했습니다. 어려움도 있었지만 이븐 바투타의 여행은 대체로 순조로웠습니다. 가는 곳마다 이슬람 세계의 사람들이 반겨 주었고 먹을 것과 쉴 곳 그리고 여행 경비와 탈 것 등을 넉넉하게 제공해 주었거든요.

이븐 바투타는 순례 여행 길에 이집트 알렉산드리아에서 예언자 알 무르시디를 만났습니다. 이 예언자는 이븐 바투타가 메카 순례를 마치고 예멘 땅으로 갈 것이며, 다시 아라비아 반도와 아나톨리아 그리고 인도까지 두루 돌아보게 될 거라고 예언했습니다. 그의 예언처럼 이븐 바투타는 머나먼 동쪽 나라인 인

▶ 힌두쿠시 산맥

도를 곧 만나게 될 것입니다. 알 무르시디의 예언을 되새기자 이븐 바투타는 용기가 불끈 솟아올랐습니다. 거대한 장벽 같은 힌두쿠시의 험한 산세도 더 이상 두렵지 않았습니다.

"자, 힘을 내어 저 산을 넘어가 보세나. 인도가 코앞이라네. 알라의 이름으로!"

이븐 바투타 일행은 힌두쿠시를 앞에 두고 일부러 추운 겨울이 지나기를 기다렸습니다. 봄이 오자 날씨가 좋은 날을 택해서 동이 트기도 전에 출발했습니다. 하지만 막상 거대한 산맥이 눈앞에 떡하니 버티고 있으니 일행은 겁을 먹은 듯 보였습니다. 이븐 바투타라도 힘을 내야 했습니다.

이븐 바투타의 말에 힘을 얻은 일행은 부지런히 산을 오르기 시작했습니다. 땅거미가 내릴 즈음 높고 험한 지점을 가까스로 넘었습니다. 그리고 마침내 먼 길을 돌고 돌아 멀리 인도 땅이 보이는 곳에 도착했습니다.

이븐 바투타의 머릿속에는 터키의 아나톨리아에서 지중해를 건너 콘스탄티노플로 갔다가 다시 흑해를 건너고 러시아의 평원을 가로질렀던 여정이 파노라마처럼 스쳐 지나갔습니다. 카스피 해와 아랄 해를 지나고 사막에 있는 고대 실크로드의 도시들을 거쳐 아프가니스탄의 죽음의 힌두쿠시 산맥을 넘어, 이븐 바투타 일행은 1333년 가을 인더스 강가에 도착한 것입니다.

다섯 개의 강이 합쳐져 유유히 흐르는 인더스 강에 초승달이 비추는 아름다운 가을밤이었습니다.

"탕헤르에서 오신 이븐 바투타 선생님이십니까?"

"아니, 어떻게 저희를……?"

그곳에는 이븐 바투타 일행을 마중 나온 델리국 술탄의 부하들이 있었습니다. 이들은 이븐 바투타 일행이 몇 명인지, 어떻게 생겼는지에 대해서 자세하게 적힌 문서를 가지고 있었습니다. 이븐 바투타는 놀랍고 행복했습니다.

이븐 바투타 일행은 열다섯 척으로 이루어진 선단의 배를 타고 술탄이 있는 델리로 향했습니다. 이븐 바투타는 델리에 도착하면 알라의 뜻을 펼치는

데 자신의 온 힘을 다하겠다고 맹세했습니다. 인도로 여행을 하게 될 거라는 예언을 들었을 때부터 이븐 바투타는 델리 술탄의 신하가 되어 알라의 뜻을 펼치는 일을 하겠다는 결심을 했었습니다.

　뱃머리에 올라 선 이븐 바투타의 마음속에는 길고 긴 여행을 해냈다는 뿌듯함과 알라에 대한 감사로 가득했습니다. 또 한편으로 인도 땅에서의 새로운 생활에 대한 기대로 잔뜩 부풀어 올랐습니다. 인도에서는 또 어떤 일이 기다리고 있을까요?

▶ [델리]
인도 북부에 있는 상업 도시이다. 이슬람 세력이 들어온 델리 왕조 시대부터 정치·군사의 중심지가 되었다.

▶ [인더스 강]
인도 북서부를 흐르는 강. 갠지스 강과 더불어 인도에서 가장 주요한 강이다.

이븐 바투타와 『이븐 바투타의 여행기』

14세기의 대여행가 이븐 바투타는 1304년 북아프리카 모로코 탕헤르의 이슬람 법학자 집안에서 태어났습니다. 이슬람의 법관으로 성장한 이븐 바투타는 스물한 살이던 1325년 이슬람교의 성지인 메카로 여행을 떠난 것을 시작으로 1354년까지 30여 년간 40여 개 나라, 12만 킬로미터에 이르는 놀라운 여행을 했습니다.

이븐 바투타는 지중해 연안의 북아프리카 여러 도시와 이집트의 알렉산드리아, 카이로 등의 도시를 거쳐 당시 이슬람 문화의 중심지였던 다마스쿠스로 간 후, 1326년 이슬람교의 성지인 메카에 도착합니다. 순례를 마친 후 그는 고향으로 돌아가지 않고 지금의 이라크와 이란의 이슬람 성지를 돌아봅니다. 이것으로도 이븐 바투타의 여행은 끝나지 않았습니다. 곧 아라비아 반도 남부를 거쳐 아프리카의 이슬람 지역을 여행합니다. 그러고는 지중해 연안을 떠나 오늘날의 터키인 아나톨리아를 여행하고, 흑해를 건너 당시 남러시아에 위치한 킵차크 한국을 거쳐서 마침내 인도로 향합니다. 인도에서 이슬람 법관으로 10여 년을 일한 이븐 바투타는 중국으로 가는 술탄의 사절이 되어 동방의 끝, 중국 땅까지 밟게 됩니다. 이후 고국인 모로코로 돌아와 모로코와 이베리아 반도, 사하라 이남의 아프리카를 끝으로 기나긴 여정을 마칩니다.

이븐 바투타의 여행은 다행히 기록으로 남았습니다. 그것이 바로 이븐 바투타가 구술하고, 이븐 주자이가 옮겨 적은 『이븐 바투타의 여행기』입니다. 『이븐 바투타의 여행기』는 14세기 이슬람 세계를 알려 주는 중요한 자료입니다.

증기기관이 발명되어 교통 수단이 혁명적으로 바뀌기 전까지 이븐 바투타보다 더 넓은 지역을 여행한 사람은 단 한 사람도 없었습니다.

▶ 이븐 바투타의 실크로드 여행 경로

이븐 바투타가 여행할 당시의 이슬람 세계

이슬람교는 570년 지금의 사우디아라비아의 메카라는 도시에서 태어난 무함마드가 알라(하나님)의 계시를 받아 만들어진 종교입니다. 이슬람교가 전파되면서 이슬람교를 믿는 사람이 많아지고, 이슬람 지역이 확대되면서 750년에서 1258년 사이에는 상당히 넓은 지역에 이슬람 제국이 건설되기 시작합니다. 이 시기를 이슬람의 황금시대라고 합니다.

황금시대에 이슬람 제국은 지금의 북아프리카의 모로코, 튀니지, 이집트와 수단, 소말리아, 그리고 스페인의 그라나다 지역과 동쪽으로 사우디아라비아와 시리아, 이라크 등이 있는 아라비아 반도 전체와 옛날 페르시아가 있었던 이란과 터키, 그리고 중앙아시아와 인도, 동남아시아 등 아시아 대부분의 지역으로 세력을 확장했습니다. 이들 지역은 이슬람 전체의 종교 지도자이면서 정치 지도자인 칼리프와 각 지역의 책임자인 술탄이 다스리고 있었습니다.

이슬람 제국이 황금시대를 맞고 있었을 때 유럽은 어둠의 시기로 불리는 중세 시대였습니다. 따라서 이 시기의 인류의 과학, 기술, 문명을 발전시킨 주역은 이슬람 제국이었습니다. 이슬람 제국은 이집트의 나일 문명과 티그리스·유프라테스 강 유역의 메소포타미아 문명, 인더스 강 유역의 인더스 문명 등이 일어난 지역에 뿌리를 두고 찬란한 문화를 발전시켰습니다. 뿐만 아니라 동양과 서양을 잇는 다리가 되어 인류의 문화와 종교가 더욱 풍요로워지는 데 많은 기여를 했습니다.

그러나 1258년 몽골의 공격을 받으면서 번성했던 이슬람 제국의 나라들은 하나둘 무너지고 맙니다. 몽골은 이슬람 제국을 점령한 후에도 다른 민족의 종교와 문화를 존중하는 정책을 실시했고, 이슬람의 종교와 문화를 받아들여 빠르게 이슬람에 동화되었습니다. 따라서 몽골에 정복된 이후에도 이슬람 지역에서 이슬람의 문화와 전통은 그대로 유지되었습니다. 다만 통치자인 술탄이 몽골인으로 바뀌었을 뿐입니다.

이븐 바투타가 여행했던 시기는 몽골이 이슬람 제국의 나라들을 침입한 이후인 14세기입니다. 주로 이슬람 세계를 여행했던 이븐 바투타는 다른 시대, 다른 지역을 여행한 여행자보다 더 편안하고 즐거운 여행을 할 수 있었습니다. 그 이유는 이슬람을 믿는 사람들끼리는 한 형제로 받아들이고, 사람들에게 자선과 환대를 베푸는 이슬람 문화와 전통이 살아 있었고 이슬람 세계가 이미 상당한 경제력을 가진 발전된 사회를 이루고 있었기 때문입니다. 이러한 점 때문에 이븐 바투타는 교통과 통신이 아직 발달하지 않은, 즉 여행이 쉽지 않은 시기였음에도 불구하고 광대한 지역을 여행할 수 있었습니다.

▶ **이븐 바투타의 실크로드 여행 경로** | 탕헤르-베자이아-튀니스-알렉산드리아-카이로-아이자브-카이로-헤브론-베들레헴-예루살렘-다마스쿠스-메디나-메카

1장 어린 시절과 첫 번째 순례 여행

모로코 탕헤르의 이슬람 법학자 집안에서 태어난 이븐 바투타는 이슬람 법관으로 성장했습니다. 어렸을 때부터 새로운 세계에 대한 호기심으로 가득했던 이븐 바투타는 스물한 살이던 1325년에 이슬람교의 성지인 메카로 성지순례를 떠납니다. 홀로 떠나야 하는 여행이었지만 그는 두려움보다 설렘이 앞섰습니다. 그의 여행길에는 앞으로 어떤 일이 기다리고 있을까요?

[이슬람 법학자 집안에서 자라다]

멀리 동쪽 하늘에 밝은 기운이 움터 오는 새벽녘입니다. 지중해의 깊은 바다가 서서히 푸른빛을 띠기 시작합니다. 세상은 어렴풋이 형체만 보일 뿐 아직 그 모습을 드러내지 않았습니다.

"이븐 바투타, 어서 일어나. 일어날 시간이다."

형의 재촉에 이븐 바투타는 졸린 눈을 비비며 일어났습니다. 매일 반복되는 일이지만 새벽에 일어나는 것은 늘 힘이 들었습니다. 이븐 바투타는 아랍어를 배우기 시작한 다섯 살부터 매일 이 시간에 일어나야 했습니다. 해가 뜨기 전에 일어나서 알라께 기도를 올려야 하기 때문입니다. 무슬림이라면 누구나 밥을 먹는 일처럼 당연히 해야 하는 일이었습니다.

이븐 바투타는 얼른 옷을 단정하게 갖춰 입고 아버지와 형들을 따라 집 근처의 모스크로 향했습니다. 이슬람 사원인 모스크는 언제나처럼 이븐 바투타를 반겨 주었습니다.

이븐 바투타는 기도실로 들어가기 전에 모스크 출입구에 마련되어 있는 물로 손, 입안, 콧속, 얼굴, 팔, 다리, 발의 순서로 몸을 깨끗이 씻었습니다. 알라께 기도를 드리기 위해서는 우선 몸을 깨끗하게 닦아야 했습니다.

이븐 바투타는 서둘러 기도실 안으로 들어갔습니다. 둥글고 높은 천장의 기도실에는 이미 많은 사람이 줄지어 서 있었습니다.

무슬림
이슬람교를 믿는 신자를 부르는 말.

모스크
무슬림들이 예배를 드리는 곳. 시대와 지역에 따라 모습이 다르지만 공통적으로 돔(반구형으로 된 지붕)과 아치(반원형) 모양의 출입구를 가지고 있다.

▶ **쿠투비아 모스크**
모로코 마라케시 주의 주도인 마라케시에 있는 모스크로 12세기에 술탄 압달 무멘이 세웠다.
이슬람 3대 사원으로 꼽힌다.

알라
아랍어로 하나님이라는 뜻으로 이슬람교에서 믿는 유일신이다.

살라트
이슬람교도들이 하루 다섯 번 드리는 예배를 뜻하는 아랍어.

"알라는 위대하도다, 알라는 위대하도다.
내가 선언하노니, 알라 외에 다른 신은 없느니라.
내가 선언하노니, 알라 외에 다른 신은 없느니라.
살라트는 잠보다 달콤하다. 살라트는 잠보다 달콤하다……."

새벽 예배를 알리는 이맘의 낭랑한 목소리가 기도실 안에 가득 퍼졌습니다. 사람들은 모두 메카가 있는 동쪽을 향해 섰습니다. 아버지와 형들과 어깨를 나란히 하고 선 이븐 바투타는 알라를 향해 성심껏 기도를 올렸습니다.

"자비롭고 자애로운 알라의 이름으로 세상의 주인이신 알라를 찬미하노니
알라는 자비롭고 자애로우며 알라를 경배하며 도움을 구하노니
우리를 옳은 길로 인도하소서……."

이맘
이슬람교에서 예배를 인도하는 사람.

메카
사우디아라비아 중부에 위치한 도시. 이슬람교의 창시자인 무함마드가 태어난 곳으로 이슬람교 최고의 성지이다.

쿠란의 구절을 낭송하는 소리에 맞춰서 기도가 시작되었습니다. 이븐 바투타는 두 팔을 배꼽 위에 가지런히 포개고 쿠란의 구절들을 외웠습니다. 매일 다섯 번 기도를 할 때마다 열일곱 번씩 암송하는 내용이었습니다. 또한 허리를 굽혀 무릎 위에 손을 놓았다 일어서고, 다시 바닥에 엎드려서 이마와 코, 그리고 손바닥을 땅에 대고 절을 했습니다.

▶ 알라를 향해 절을 하는 무슬림 어린이들의 모습

쿠란을 암송하고, 알라께 두세 번 반복해 절을 올리고 나서 새벽 기도가 끝이 났습니다. 이븐 바투타는 새벽 기도를 하고 나면 정신이 맑아지는 것을 느꼈습니다. 알라가 내려와 자신을 따뜻하게 안아 주는 듯했습니다. 동쪽 하늘이 점차 밝아 왔습니다.

아침식사를 하고 난 이븐 바투타는 근처에 있는 모스크로 아랍어 공부를 하러 갔습니다. 하지만 이븐 바투타는 아버지께 더 많은 것을 배웠습니다. 이슬람의 경전, 이슬람의 법과 전통과 역사 등등. 아버지는 이슬람교 경전을 연구하고 이슬람의 법에 따라 재판을 하는 법관이었습니다. 이븐 바투타도 아버

▶ 쿠란(Koran)
이슬람교의 경전이다. 이슬람교를 창시한 무함마드가 신에게 받은 계시의 말로 되어 있다.

지와 같은 이슬람 법관이 되고 싶었습니다.

공부를 마친 이븐 바투타는 탕헤르 항구로 달려갔습니다. 이븐 바투타는 집안의 고요하고 엄숙한 분위기나 경건한 사원을 좋아했지만 항구와 항구 근처에 있는 시장에만 오면 언제나 가슴이 쿵쾅거리며 뛰었습니다. 돛을 높이 올리고 푸른 바다를 향해 떠나는 배를 보거나 닻을 내리고 이국의 진기한 물품들을 내리는 배들을 보는 일은 보고 또 봐도 싫증이 나지 않았습니다. 가끔 항구에 닻을 내리고 정박해 있는 군함들도 멋져 보였습니다.

도대체 어디서 온 물건들일까? 누가 만들었을까? 항구에 서서 멀리 바다를 쳐다보는 이븐 바투타의 눈빛은 먼 나라에 대한 호기심으로 반짝반짝 빛났습니다. 이븐 바투타는 언젠가 저 배를 타고 새로운 세상으로 나가는 자신을 상상했습니다. 상상만으로도 설레는 일이었습니다.

넋을 놓고 바다를 바라보던 이븐 바투타는 정오를 알리는 종소리에 정신이 든 듯 다시 모스크로 뛰어가 기노를 올렸습니다.

북아프리카, 베르베르족의 나라 모로코

모로코는 아프리카 북서쪽 끝에 나라입니다. 동쪽과 남동쪽은 알제리, 남쪽은 사하라 사막, 북쪽은 지중해, 서쪽은 대서양에 접해 있지요. 모로코에는 사막의 터줏대감이라는 별명을 가진 베르베르인들이 살고 있습니다. 일찍부터 지금의 튀니지에 있었던 카르타고의 지배를 받았고, 이후 로마 제국에 정복당하기도 했습니다. 그러다 7세기 후반 이슬람으로 무장한 아랍 세력에 정복당하면서 678년 대다수의 베르베르인들은 이슬람교로 개종했습니다. 이후 모로코 왕국을 세워서 독자적으로 세력을 넓혀 나가기도 했습니다. 15세기 들어서는 함대와 군대를 갖춘 유럽의 여러 나라가 모로코를 점령하려는 시도를 했지만 모두 실패로 끝났습니다. 그러나 결국 1912년에 프랑스의 보호령이 되었고, 1956년에 독립했습니다.

모로코는 북아프리카에 유일하게 남아 있는 왕조 국가입니다. 대서양 연안의 카사블랑카가 가장 큰 도시이며, 현재 수도는 라바트입니다. 『이븐 바투타의 여행기』에는 "온갖 과일들이 풍성하고, 물과 영양이 풍부하다. 음식이 절대 바닥나지 않는다는 점에서 모로코는 최고의 나라이다"라고 기록되어 있습니다.

▶ 탕헤르 항구
아프리카 서북쪽 끝 지브롤터 해협에 접해 있는 모로코의 항구 도시이다.

[스물한 살, 메카로 순례 여행을 떠나다]

"이븐 바투타, 여기에 적혀 있는 말은 무엇을 의미하는지 알겠니?"

아버지는 오늘도 이븐 바투타와 함께 쿠란을 보며 연구를 하고 있었습니다.

"네, 아버지, 이슬람교를 믿는 무슬림은 모두가 형제이며, 함께 평화롭게 살아야 한다는 뜻입니다."

이븐 바투타는 스물한 살의 건장한 청년으로 성장했습니다. 이슬람법을 열심히 공부해서 훌륭한 학자가 될 준비를 갖추었고, 이슬람법을 심판하는 재판관이 될 수 있는 자격도 얻게 되었습니다. 하지만 이븐 바투타는 탕헤르가 답답했습니다. 탕헤르 항구를 떠나는 배들을 볼 때마다 바다 너머 세계에 대한 궁금증은 커져만 갔습니다. 그는 새로운 세상을 만나고 싶었습니다.

순례
종교적 의미가 있는 곳(성지)을 찾아다니며 절을 하고 기도를 드리는 것.

아라비아 반도
아시아 서남부에 있는 세계 최대의 반도. 페르시아 만, 인도양, 아덴 만, 홍해에 둘러싸여 있다.

'그래, 나도 이제 스무 살이 넘었으니 메카로 순례 여행을 다녀와야겠다. 무슬림으로서, 이슬람 법학자로서 내가 마땅히 해야 할 일이잖아.'

그동안 이슬람교도인 무슬림이 지켜야 하는 의무를 충실히 해 왔던 이븐 바투타는 이슬람교의 성지인 메카로 순례 여행을 다녀온다면 한층 떳떳한 무슬림으로 살아갈 수 있을 거라고 생각했습니다.

하지만 순례 여행은 결코 쉽지 않은 길이었습니다. 북아프리카의 서북쪽 끝인 모로코의 탕헤르에서 아라비아 반도 중간쯤에 있는 메카로 가는 길은 상상할 수도 없을 만큼 멀고 험했습니다. 아버지는 아들이 홀로 길을 떠난다는 것이 그다지 내키지 않았습니다. 곳곳에서 강도들이 목숨을 위협하고, 건조한 사막과 거친 황야를 지나야 했으며, 극심한 더위와 혹독한 추위에 시달려야 했습니다. 하지만 아버지는 무슬림의 의무를 다하기 위해서 성지로 떠나겠다는 아들을 막을 수는 없었습니다.

"그래, 이븐 바투타, 네 생각이 확고하다면 말리지 않겠다. 네가 가려는 길에는 많은 어려움이 따를 것이다. 하지만 알라께서 항상 네 곁에서 너를 보호해 주실 거라는 사실을 잊지 말거라. 알라의 자비를!"

"네, 아버지, 걱정하지 마세요. 무슬림으로서의 의무를 다하고 반드시 건강하게 돌아오겠습니다. 비쓰밀라 히르라흐만 니르라히힘(알라의 이름으로 행합니다)."

무슬림들이 메카로 성지순례를 떠나는 모습으로 13세기에 그려진 그림이다.

이븐 바투타는 홀로 순례 여행을 떠나야 했습니다. 그 길에 어떤 일들이 놓여 있을지 알 수 없었습니다. 하지만 위대한 성지로 순례를 다녀오리라는 이븐 바투타의 의지는 그 무엇으로도 꺾을 수 없었습니다. 뜨거운 햇볕이 내리쬐는 1325년 7월, 이븐 바투타는 길을 떠났습니다.

이븐 바투타는 북아프리카 해안을 따라 배를 타고 갈 수도 있었지만 해안과 나란히 난 육로로 길을 잡았습니다. 난생처음으로 고향을 떠나 낯선 곳으로 가는 일이 두렵기도 했지만, 그는 여행에서 만나게 될 사람들과 새로운 세상에 대한 기대감으로 마음이 설레었습니다.

경험이 없는 젊은 순례자에게 여행은 순조롭지 않았습니다. 이븐 바투타는

▶ **카라반**
사막이나 초원과 같이 교통이 발달하지 않은 지역에서 낙타나 말에 짐을 싣고 무리를 지어 먼 곳으로 다니면서 물건을 사고파는 상인의 집단.

여행 중에 병에 걸려 죽거나 강도를 당해 소지품을 모두 빼앗긴 사람들을 직접 목격했고, 위험을 당한 사람들의 이야기를 듣기도 했습니다. 위험을 피하려면 사람들과 무리를 지어 가야 한다는 것도 알게 되었습니다. 이븐 바투타는 무리를 지어 장사를 다니는 카라반의 무리에 끼기로 했습니다. 그러나 이번에는 숨 막힐 듯한 더운 날씨가 이븐 바투타를 괴롭혔습니다. 베자이아에 도착한 이븐 바투타는 결국 심한 열병에 걸리고 말았습니다.

"알라의 뜻이라면 메카로 향하는 길 위에서 죽어도 좋습니다."

이븐 바투타는 아픈 와중에도 메카로 가겠다는 의지를 꺾지 않았습니다.

"일단 나귀는 팔고, 짐은 최대한 가볍게 하게. 텐트는 다른 사람에게 가져다 달라고 부탁함세."

여행길에 만난 한 무슬림 샤이흐의 도움으로 열병에 걸린 이븐 바투타는 여행을 계속할 수 있게 되었습니다. 그리고 마침내 튀니스라는 큰 도시에 도착했습니다. 때마침 튀니스에서는 라마단 금식 기간이 끝나고 피트르 축제가 열리고 있었습니다. 이슬람력으로 9월 한 달 동안의 금식이 끝난 것을 축하하는 축제였습니다.

베자이아
지중해 연안에 위치한 알제리의 항구 도시이다.

샤이흐
연장자 또는 우두머리를 뜻한다. 학자, 정치 지도자, 정신적 안내자라는 의미가 있다.

라마단
이슬람력으로 9월 한 달 동안의 금식 기간을 뜻한다. 라마단 기간 동안에는 해가 떠서 질 때까지 모든 음식과 음료를 먹거나 마실 수 없다.

피트르
이슬람 2대 명절 중 하나로 10월 1일부터 3일까지 3일간 라마단이 끝난 것을 축하하는 축제다. 이 날에는 무슬림의 다섯 가지 종교적 의무 가운데 하나인 자선세를 납부해야 한다.

이슬람력
이슬람 국가에서는 태음력을 쓰는데, 무함마드가 메디나로 옮겨 간 기원후 622년 7월 16일을 기원 원년 1월 1일로 한다. 1년 354일 또는 355일로 태양력보다 11일이 짧다.

▶ 튀니스 시가지 전경

북아프리카에 있는 튀니지 공화국의 수도이다. 지중해 남부의 튀니지 만과 튀니스 호수에 접해 있는 항구 도시로 무역, 상공업, 교통의 중심지이다.

축제가 열리는 곳에는 맛있는 음식들이 차려지고, 멋진 장식품들로 꾸며졌습니다. 이븐 바투타는 축제에서 이슬람의 법관인 카디로 선출되었고, 축제에 관한 이런저런 조언을 해 주는 일을 맡았습니다.

이븐 바투타는 사람들에게 처음으로 이슬람 법학자로 인정받게 된 것이 너무 기뻤습니다. 탕헤르에서 아버지와 함께 쿠란을 공부한 것이 헛되지 않은 것 같았습니다.

튀니스에서 두 달간 머문 이븐 바투타는 백 명의 기마병과 함께 가는 순례단에 카디 자격으로 합류했습니다. 이들과 함께하면 언제 나타날지 모르는 강도 떼를 피할 수 있었습니다.

튀니스를 떠나 트리폴리로 간 이븐 바투타는 이곳에서 두 번째로 큰 이슬람 축제인 희생제를 치르게 되었습니다.

희생제를 치른 뒤 이븐 바투타 일행은 여행을 떠날 준비를 마쳤습니다. 이븐 바투타 일행은 길을 나서지 못하고 한동안 트리폴리에 머물러야 했습니다. 며칠째 계속된 폭우와 추위에 사람들이 너무 지쳐서 도저히 여행을 계속할 수 없었기 때문입니다.

트리폴리에서 휴식을 취한 이븐 바투타는 다시 길을 나섰습니다. 그리고 마침내 1326년 5월에 이집트의 도시 알렉산드리아에 도착했습니다. 고향을 떠난 지 10개월이 지났고, 그동안 이븐 바투타가 여행한 길은 2천5백 킬로미터에 달했습니다.

트리폴리
아프리카 북부에 있는 리비아의 수도. 지중해 연안과 아프리카 내부를 연결하는 도로의 기점이며, 중요한 상업 중심지이기 때문에 1951년 리비아가 독립하기 전까지 서구 여러 나라가 서로 차지하려고 싸우기도 했다.

희생제
이슬람의 2대 명절 중 하나로 이슬람력으로 12월 10일에 열린다. 아랍어로 '이드 알 아드하'라고 한다. 염소나 양 따위의 동물을 제물로 바치고, 나눠 먹는다. 3분의 1은 본인이, 3분의 1은 가까운 사람과, 3분의 1은 어려운 사람들과 나누게 되어 있다.

이슬람교는 어떤 종교일까요?

우리에게 이슬람교라는 종교는 무척 낯설지요. 이슬람교는 전 세계 인구의 23%가 믿는 최대의 종교 중 하나입니다. 메카의 상인이었던 무함마드가 알라의 계시를 받아 만든 종교이며, 신 앞에 모든 인간은 평등하다는 점을 강조하면서 당시 사람들에게 큰 지지를 받았습니다.

이슬람이라는 말은 아랍어 살람에서 나왔습니다. 이 말은 평화와 복종이라는 뜻을 가지고 있습니다. 이슬람교의 유일신인 알라는 하나님을 뜻하는 아랍어입니다. 이슬람교를 믿는 사람들을 무슬림이라고 부르는데, 무슬림은 '복종하는 사람', 즉 알라에게 복종하는 사람이라는 뜻을 가지고 있습니다.

무슬림이라면 반드시 다섯 가지 의무를 다해야 합니다. 이 다섯 가지 의무를 '이슬람의 다섯 기둥'이라고 합니다.

첫 번째 의무, 샤하다 : '알라 외에는 신이 없으며, 무함마드는 알라의 사도이다'라고 알라에 대한 신앙을 소리 내어 고백하는 것입니다.

두 번째 의무, 살라트 : 해 뜨기 전 새벽 예배, 정오를 15분쯤 지나서 정오 예배, 정오 예배에서 3시간 후에 오후 예배, 해가 진 후 저녁 예배, 잠들기 전 밤 예배 등 매일 다섯 번의 예배를 드립니다. 예배를 드리는 목적은 자신을 깨끗하게 하기 위함이므로 예배 전에 반드시 몸을 씻습니다.

세 번째 의무, 자카트 : 나보다 어려운 사람들을 돕는 자선 활동을 하는 것입니다. 무슬림은 모든 재산은 알라의 것이며, 사람들은 그 사용권을 갖고 있을 뿐이라고 생각합니다.

네 번째 의무, 사움 : 알라의 계시가 시작된 신성한 달인 이슬람력으로 9월 한 달 동안에 해가 뜰 때부터 질 때까지 단식을 하는 것입니다. 이 기간을 '라마단'이라고 부릅니다. 이 기간 동안에는 먹거나 마시는 것이 금지됩니다. 무슬림들은 금식을 개인의 의지를 굳게 하고 굶주림과 목마름 등을 이겨 내는 정신적, 육체적 훈련이라고 여깁니다.

다섯 번째 의무, 하즈 : 평생 한 번은 이슬람교의 성지인 메카와 메디나로 순례를 떠나는 것입니다. 메카는 이슬람교를 창시한 무함마드가 알라의 계시를 받은 곳으로, 무슬림에게는 가장 중요한 성지입니다.

[예언자 알 무르시디를 만나다]

　알렉산드리아에 도착한 이븐 바투타는 자신의 고향인 탕헤르 항구와는 비교할 수 없이 큰 알렉산드리아 항구와 도시 곳곳에 있는 아름답고도 숭고한 건축물들에 마음을 송두리째 빼앗겨 버렸습니다.

　알렉산드리아 도시를 본 이븐 바투타는 이슬람교의 성지인 메카뿐만 아니라 가 보지 않은 모든 곳에 대한 열망이 생겼습니다. 세상에는 알라가 만들어 놓은 아름답고 큰 도시들이 많은 것 같았습니다. 알렉산드리아에서 좀 더 시간을 보내고 싶었지만 이븐 바투타는 메카로 순례 여행을 하는 중이었기 때문에 너무 오래 한 곳에 머무를 수는 없었습니다.

▶ **알렉산드리아**
이집트 북부에 있는 무역 항구 도시. 기원전 332년에 그리스 마케도니아의 알렉산드로스 대왕이 건설했으며 오랫동안 이집트의 수도였다.

하지만 그 전에 할 일이 있었습니다. 이븐 바투타는 이집트의 위대한 예언자이며 구도자인 알 무르시디를 찾아갔습니다. 알 무르시디는 이븐 바투타를 반갑게 맞아 식사 대접을 해 주었습니다. 알 무르시디의 집에서 하룻밤을 자게 된 이븐 바투타는 이상한 꿈을 꾸었습니다.

"어젯밤에 꾼 꿈에 대해 이야기해 보게나."

아침이 되자, 알 무르시다는 이미 다 알고 있다는 듯 이븐 바투타에게 꿈에 대해 물었습니다. 이븐 바투타는 그가 자신이 꿈꾼 것을 어떻게 아는지 의아해하면서 지난밤의 꿈 이야기를 했습니다.

구도자(求道者)
종교의 깊은 깨달음이나 진리를 구하는 사람.

예멘
아라비아 반도 남쪽 끝에 위치하고 있는 공화국이다. 아라비아 반도에서 제일 높은 나비 슈아이브 산과 구약성경에 나오는 옛 수도 사누아가 있다.

"하늘을 덮을 듯 엄청나게 큰 새였어요. 제가 새의 날개를 타고 훨훨 날고 있었지요. 처음에는 메카를 향해 날았어요. 그리고 예멘으로 날아가다가 동쪽으로, 또 남쪽으로 방향을 바꿨어요. 마침내 동쪽 세계의 끝까지 날아간 새는 그제야 푸르죽죽하고 어두운 땅에 내려앉았어요. 새는 안개가 자욱한 그 땅에 저를 버려두고 떠나 버렸어요."

이븐 바투타의 이야기를 들은 알 무르시디는 다음과 같은 예언을 했습니다.

"자네는 성지순례를 마치고 나서도 여행을 계속하게 될 거고 훌륭한 사람도 만나게 될 걸세. 예멘뿐 아니라 아나돌리아, 그리고 멀고 먼 인도 땅까지 두루 돌아보게 될 걸세. 인도에서는 오래 머물게 될 거고 거기서 만나게 되는 한 인도인은 곤경에 처한 자네를 구해 줄 걸세."

▶ **이집트 카이로를 흐르는 나일 강**
나일 강은 아프리카의 적도 부근, 우간다와 나이지리아 양쪽에서 처음 시작되어 지중해로 흐르는 강으로 세계에서 첫 번째로 긴 강이다. 고대 이집트 문명의 발상지이다.

　알 무르시디의 예언을 들은 이븐 바투타의 마음은 앞날에 대한 왠지 모를 기대와 설렘으로 가득했습니다. 알 무르시디는 길을 떠나려는 이븐 바투타에게 돈과 먹을거리를 챙겨 주고 축복도 내려 주었습니다.
　"앞으로의 여행길에서 길잡이가 되어 줄 사람들을 만날 걸세. 알라의 축복이 있기를!"
　축복 속에 알렉산드리아를 떠난 이븐 바투타는 이집트 카이로로 향했습니다. 나일 강변의 비옥한 토지에서는 대추야자와 석류 등 과일나무들이 단내를 풍기며 자라고 있었습니다. 이븐 바투타는 카이로로 가는 동안 나일 강을 왜 이집트의 선물이라고 하는지 알 것 같았습니다.

▶ 이집트 카이로의 바자르
바자르는 페르시아어로 시장이라는 뜻이다. 이슬람 지역의 전통 시장을 일컫는다.

    카이로에 도착한 이븐 바투타는 도시의 규모에 매우 놀랐습니다. 그는 카이로와 같이 큰 도시를 이제껏 본 적이 없었습니다.
    '어쩌면 이렇게 많은 사람이 거대한 파도처럼 거리를 휩쓸고 다니지?'
    이븐 바투타는 카이로의 바자르를 구경했습니다. 인간이 사용하는 모든 물건을 그곳에 가져다 놓은 것 같았습니다. 절로 입이 벌어졌습니다. 바자르에는 진귀한 물건뿐 아니라 갖가지 맛있는 음식도 가득했습니다. 맛있게 차려진 음식을 보자, 이븐 바투타는 자신도 모르게 군침이 돌았습니다.

호기심 가득한 20대의 청년 이븐 바투타에게 여행은 새롭고 놀라운 광경이 끊임없이 이어지는 마술과 같은 것이었습니다.

다시 메카를 향해 길을 나선 이븐 바투타는 카이로에서 메카까지 가는 가장 빠른 길을 택했습니다. 나일 강을 따라 더 남쪽으로 간 후 아이자브 항구에서 배를 타고 홍해를 건너 아라비아 반도로 가는 길이었습니다.

아이자브
이집트의 남쪽에 위치한 작은 항구 도시이다. 성지순례를 위해 아라비아로 가는 사람들이 이용한다.

홍해
아프리카 북동부와 아라비아 반도 사이에 있는 좁고 긴 바다. 지중해, 인도양과 운하로 연결되어 있어서 아시아와 유럽을 잇는 항로로 매우 중요하다.

나일 강의 비옥한 삼각주의 도시, 카이로

이집트 나일 강의 삼각주 남쪽 끝에 위치한 도시로 아랍과 아프리카 대륙에서 가장 큰 도시입니다. 카이로라는 이름으로 불린 것은 969년부터이지만 도시의 역사는 오래되었습니다. 이 지역은 641년 이슬람으로 무장한 아랍 세력에 정복되었고, 푸스타트라는 이름의 도시가 세워진 이후 아랍어로 '승리'를 뜻하는 카히라에서 나온 카이로로 도시의 이름이 바뀌었습니다. 카이로는 파티마 왕조(909~1171) 이후 이집트, 시리아의 중심지로 발전했습니다. 시내에는 많은 모스크가 있으며 파티마 왕조 시대에 쌓은 성벽도 남아 있습니다. 도자기와 유리 공예, 기하학 문양의 양탄자 등이 유명하며 많은 미술관에 훌륭한 유물이 소장되어 있어서 방문하는 사람들로 하여금 감탄을 자아냅니다.

『이븐 바투타의 여행기』는 "카이로 사람들은 쾌활하고 낙천적이며 놀기를 좋아하고 낙타로 물을 실어다 파는 물장수가 1만 2천 명, 관개수를 파는 물장수는 3만 명이나 된다"라고 기록하고 있습니다.

12세기에 그려진 지도이다. 홍해와 메디나(윗부분), 메카(아랫부분) 등의 도시가 그려져 있다.

아이자브로 향하던 중에 나일 강가의 한 도시에서 이븐 바투타는 유명한 이슬람 예언자 한 사람을 만났습니다. 이븐 바투타는 그에게 자신의 계획을 설명했습니다.

"저는 홍해를 건너 메카로 가려고 합니다."

"그 길로는 가지 못할 걸세. 뱃길이 열리지 않을 거야. 자네는 결국 다마스쿠스를 거쳐서 육로로 가게 될 걸세."

이븐 바투타는 예언자의 말에 혼란스러웠습니다. 하지만 마음먹은 대로 배를 타고 홍해를 건너기 위해 아이자브 항구를 향해 걷고 또 걸었습니다.

그런데 이게 웬일입니까? 아이자브에 도착한 이븐 바투타는 홍해를 건너는 배를 구할 수가 없었습니다. 그가 도착하기 직전 아이자브에서 반란이 일어났던 것입니다. 이곳에서 배를 타면 육로로 가는 것보다 훨씬 빨리 메카에 도착할 수 있었지만 이븐 바투타는 어쩔 수 없이 다시 카이로로 돌아왔습니다. 결국 예언자가 말했던 것처럼 시나이 반도를 지나 다마스쿠스를 거쳐 메카로 갈 수밖에 없었습니다.

시나이 반도
아프리카 대륙과 아라비아 반도를 잇는 삼각형 모양의 반도이다. 북쪽은 지중해, 남쪽은 홍해에 접해 있다.

[첫 번째 순례 여행을 무사히 마치다]

카이로에서 북쪽으로 올라가 시나이 반도를 거쳐서 메카까지 가는 길은 이븐 바투타에게 새로운 세계를 경험하게 해 주었습니다.

다마스쿠스까지 가는 길에 이븐 바투타는 팔레스타인 지역을 방문했습니다. 그는 헤브론에서 무함마드의 선조인 아브라함과 그의 아들 이삭, 그리고 손자 야곱의 무덤이 있는 커다란 동굴 위에 지어진 모스크를 찾아 기도를 올렸습니다. 그리고 헤브론을 지나 이슬람교의 예언자 중 한 사람으로 알려진 예수가 태어난 성지인 베들레헴도 지나갔습니다.

베들레헴은 이스라엘의 수도인 예루살렘에서 남쪽으로 약 8킬로미터 정도 떨어진 구릉지대에 있으며, 예수가 탄생한 곳이다. 사진은 베들레헴에 있는 예수의 탄생 장소로 알려진 동굴 위에 지어진 교회이다.

유대교, 이슬람교, 기독교의 성지, 팔레스타인 지역

팔레스타인은 지중해 동쪽 연안, 즉 레바논과 시리아, 요르단, 이집트, 시나이 반도로 둘러싸인 지역으로 현재 이스라엘이 있는 곳입니다. 이스라엘의 수도인 예루살렘은 유대인과 아랍인 모두가 조상으로 모시는 아브라함이 그의 아들 이삭을 제물로 바친 곳으로, 기독교에서 하나님의 아들로 모시는 예수의 어린 시절 행적이 나타나 있는 곳이기도 합니다. 또한 이슬람의 선지자 무함마드가 하늘로 올라간 곳으로 이슬람의 성지이기도 합니다. 무함마드가 승천한 바위에는 현재 황금 모스크(바위의 돔)가 세워져 있지만 이전에는 유대교의 야훼 성전이 있었으며, 그 이후에는 기독교 교회가 세워지기도 했습니다. 이 지역이 유대교, 이슬람교, 기독교의 성지임을 상징적으로 보여 주는 곳이지요.

팔레스타인 지역에서의 유대인과 아랍인의 분쟁
유대교와 이슬람교는 모두 아브라함을 조상으로 삼고 있는 같은 셈계의 종족입니다. 유대 왕국이 로마에게 멸망당하고 유대인이 떠난 후 2천 년간 팔레스타인은 아랍인들의 땅이었습니다. 그런데 오늘날 팔레스타인은 아랍과 유대 두 민족이 서로 죽고 죽이며 다투는 현장이 되었습니다. 왜 이렇게 되었을까요?
제1차 세계대전 중에 연합군은 팔레스타인 지역에 다른 나라에 흩어져 살았던 유대인의 나라와 원래 그 지역에 살고 있었던 아랍인의 독립 국가 설립을 동시에 약속했습니다. 같은 땅에 두 개의 나라를 세워 주겠다고 한 것이지요. 땅은 하나인데 나라는 두 개이니 다툴 수밖에 없었지요. 이후 유엔은 유대인의 국가 설립을 인정해 주었고, 유대인은 팔레스타인 땅에 이스라엘을 세웠습니다. 이것을 미국과 영국이 도와주었습니다. 결국 5백만 명에 달하는 아랍인들은 하루아침에 집과 토지를 빼앗기고 고향에서 쫓겨나게 되었지요. 이들은 주변의 아랍 국가들을 돌아다니며 빼앗긴 땅을 찾고자 이스라엘과 힘든 전쟁을 벌였습니다. 그것이 바로 아랍 국가들과 이스라엘 사이에 일어났던 제1차(1948), 제2차(1956), 제3차(1967), 제4차(1973) 중동전쟁입니다. 이 네 차례 전쟁에서 아랍 국가들이 모두 패하면서 수많은 사람이 목숨을 잃었고 원래 아랍 영토마저 이스라엘에게 빼앗겼습니다.

분쟁이 계속되자 1993년 국제사회는 '아랍인은 이스라엘을 국가로 인정하고, 이스라엘은 중동전쟁 때 빼앗은 땅에 팔레스타인인들의 자치 국가를 수립해 주자'는 내용의 '오슬로 협정'을 이끌어 냈습니다.

그러나 협정 반대 세력의 이스라엘에 대한 테러로 평화협정은 깨어져 버렸습니다. 테러에 대항해서 이스라엘인은 무차별적으로 아랍의 민간인을 죽이고, 아랍인은 미국인과 이스라엘에 대한 테러를 하는 악순환이 현재까지 계속되고 있습니다. 2000년에 일어난 9·11 테러는 뒤에서 이스라엘을 무조건적으로 지지하고 돕는 미국인에 대한 아랍인의 분노와 증오로 일어난 사건이기도 합니다. 자비와 평화의 종교인 이슬람교를 믿는 아랍인과 그 뿌리를 함께하는 유대인 사이의 피비린내 나는 갈등은 언제 해결될 수 있을까요?

▶ **예루살렘 남서쪽에 위치한 헤브론에 있는 패트리아크 동굴**
구약성경에 나오는 유대인과 이슬람교도들이 공통으로 조상으로 모시는 아브라함, 이삭의 무덤이 있는 곳이어서 이스라엘에서 분쟁이 심한 곳 중 하나다. 이들은 모두 이곳이 성서에 나오는 네 부부, 즉 아담과 이브, 아브라함과 사라, 이삭과 레베카, 야곱과 레아의 매장지라고 여긴다.

▶ 이스라엘 예루살렘에 위치한 바위의 돔

이슬람의 창시자 무함마드가 승천할 때 밟고 올라간 바위 위에 세워진 돔이다. 아브라함이 아들 이삭을 하늘에 제물로 바치려 했던 곳도 이 바위이다. 처음 유대교 사원에서, 로마의 신전으로, 다시 기독교 교회가 세워졌다가 636년 이슬람 사원을 지었다. 황금 모스크라고도 한다.

　　예루살렘에서는 바위의 돔을 찾았습니다. 이븐 바투타는 팔레스타인 지역을 돌아보면서 무슬림으로서 반드시 돌아봐야 할 곳에 왔다는 생각을 했습니다. 이븐 바투타는 홍해를 건너지 못하게 된 것이 오히려 축복 같았습니다. 문득 나일 강가에서 만난 예언자의 말이 떠올랐습니다. 그는 다시 한 번 무슬림 예언자가 얼마나 놀라운 능력을 가졌는지 깨닫게 되었습니다.

　　이븐 바투타는 시나이 반도의 많은 도시를 거쳐서 1326년 라마단 금식 기간 중에 다마스쿠스에 도착했습니다. 인류가 세운 가장 오래된 도시 중 하나인 다마스쿠스는 오랜 전통과 이슬람 제국의 숨결이 살아 숨 쉬는 고결한 도시였습니다.

금식 기간을 마친 이븐 바투타는 다마스쿠스에서 메카까지 가는 또 다른 순례단에 합류했습니다. 이곳에서 메카까지는 50여 일이 걸리는 긴 여행이었으며, 아라비아의 메마른 사막과 거친 황야를 건너야 하는 험난한 길이었습니다. 이븐 바투타는 여행 준비를 철저하게 했습니다.

사막에서는 물이 가장 큰 문제였습니다. 이븐 바투타는 물소 가죽으로 만든 커다란 물주머니에 낙타에게 먹일 물을 가득 채웠습니다. 여행 중에 병에 걸린 사람들을 위한 약품과 설탕, 그리고 무슬림의 의무 중 하나인 자선을 행할 물건들을 준비했습니다. 부족한 양고기와 버터, 굳힌 우유 등은 지나는 마을에서 사기로 했습니다.

"자, 이제 출발이다."

우두머리의 출발 신호에 맞춰서 모두들 알라에게 기도를 올렸습니다.

이븐 바투타와 순례단은 다마스쿠스를 떠나 1천5백 킬로미터를 걸어서 이슬람교의 성지 중 한 곳인 메디나에 도착했습니다. 메디나는 비옥한 오아시스 도시로 이슬람을 창시한 무함마드의 무덤이 있는 곳입니다. 성스럽고 자비로우며 영광스러운 도시였습니다.

이븐 바투타는 무함마드의 신성한 무덤을 찾아가 기도를 올렸습니다. 무덤 옆에 남아 있는 한 그루의 야자나무에 입맞춤을 하면서 알라의 말씀을 전해 준 무함마드에게 진심으로 경의를 표했습니다.

▶ **다마스쿠스 우마이야 모스크**
우마이야 왕조(661~750)의 알알리 1세 칼리프가 705년에서 715년에 걸쳐 세운 모스크이다.
원래 다신교를 모시는 사원이었다가 다시 기독교 교회로, 그리고 이슬람 세력이 정복한 뒤에는 모스크로 개조되었다.

세계에서 가장 오래된 도시, 다마스쿠스

다마스쿠스는 기원전 2500년경에 세워진 세계에서 가장 오래된 도시 중 하나로 아프리카, 페르시아, 지중해 연안 등 동서를 잇는 교통의 요충지입니다. 기원전 10세기 아람 왕국의 수도였고 이후 아시리아, 페르시아, 셀레우코스 제국, 비잔티움 제국의 지배를 받다가 635년 아랍의 이슬람군에 정복되었습니다. 1260년과 1300년에는 몽골군이 침입해서 황폐화되었습니다. 1400년 또다시 티무르군이 쳐들어와 파괴된 이후 30년간 폐허가 되기도 했습니다. 1516년 오스만 제국의 한 주도가 된 뒤 동서 무역의 중계지, 메카 순례의 집결지로 옛날의 번영을 되찾기도 했습니다.

이븐 바투타는 다마스쿠스를 다음과 같이 아름다운 도시로 묘사했습니다.

"동방의 낙원이며, 현란한 빛의 발원지이며…… (중략) 여러 가지 향긋한 꽃들로 단장하고 화사한 비단옷을 걸친 화원 속의 모습을 드러내는…… (중략)"

다마스쿠스는 1920년부터 프랑스의 위임통치를 받다가 1946년에 독립한 시리아의 수도가 되었습니다. 레바논의 수도 베이루트, 요르단의 수도 암만과 철도·도로로 연결되어 있으며 이라크의 수도 바그다드와도 도로가 연결된 국제적인 육상 교통의 요충지로 발전하고 있습니다.

메디나에서 나흘을 머무르는 동안 이븐 바투타는 매일 밤 기도를 올렸습니다. 이제 순례 여행의 최종 목적지인 메카만이 남아 있었습니다.

메디나에서 메카로 가는 길가에는 포도와 모과 등의 향기로운 과일들이 자라고 있었고 들판에서는 오이, 호박, 당근 등의 채소가 풍성하게 자라고 있었습니다. 이 모든 것들이 알라가 메카와 메디나 두 이슬람교의 성지를 위해서 특별히 일궈 놓은 축복이자 기적 같았습니다.

1326년 10월, 이븐 바투타는 다마스쿠스를 떠난 지 55일 만에 꿈에 그리던 메카에 도착했습니다. 이슬람교를 창시한 무함마드가 태어난 곳, 메카! 이븐 바투타는 일행과 함께 중심에 위치한 성스러운 사원으로 향했습니다. 성스러운 사원의 한가운데에 정육면체 모양의 카바 신전이 세워져 있었습니다. 지구 상에서 이보다 더 신성한 곳이 또 있을까요?

"우리에게 이 성스러운 집에 들어올 수 있는 영예를 허락해 주셔서 감사합니다. 알라께 찬양을!"

이븐 바투타는 정성을 다해 카바 신전 주위를 시계 반대 방향으로 일곱 번 돌았습니다. 그리고 카바 신전에 있는 검은 돌에 손을 가져다 대었습니다. 감격에 겨워 이븐 바투타는 입술을 대었습니다. 감촉이 너무나 부드러웠습니다. 지금까지 지은 모

카바 신전은 메카 중앙에 있는 성스러운 사원 안에 자리 잡은 작은 성소로, 모든 무슬림들이 가장 신성한 곳으로 여긴다. 무슬림들은 매일 다섯 번 이곳을 향해 기도를 드린다.

든 죄를 용서해 주시는 알라의 따뜻한 자비를 느낄 수 있었습니다. 이븐 바투타는 비로소 당당한 하지로 불릴 수 있었습니다. 하지는 무슬림으로서 순례 여행의 목적지인 메카에 도달한 사람을 일컫는 말입니다.

무슬림들의 순례 성지, 메카와 메디나

메카는 이슬람의 제1 성지로 아랍어로는 마카 혹은 마카 알-무카르라마(고결한 도시)라고 합니다. 현재 사우디아라비아에 속해 있습니다. 메카는 아담과 이브의 전설의 도시이며, 메카 계곡의 가장 낮은 곳에는 무함마드가 마셨다고 전해지는 잠잠 우물과 아브라함이 건립한 것으로 전해지는 카바 신전이 있습니다. 본래 카바 신전에는 신성한 검은 돌을 비롯해 아랍 부족민들이 숭배하는 여러 우상들이 모셔져 있었습니다. 그러나 630년 무함마드가 메카를 정복한 뒤 유일신 알라의 신전으로 바뀌었으며, 그때부터 메카는 무슬림들의 제1 성지가 되었습니다. 일생에 한 번은 반드시 이곳에 와서 예배를 올려야 하는 것이 무슬림의 다섯 가지 의무 중 하나입니다.

▶ 카바 신전

메디나는 사우디아라비아에 있는 내륙 도시로 이슬람의 제2 성지입니다. 메카에서 이슬람교를 창시한 무함마드가 다신교도로부터의 박해를 피해 메디나로 가서 622년 이슬람 최초의 도시국가를 세우게 됩니다. 이후 메카를 정복한 무함마드는 메디나로 다시 돌아와 이곳에서 죽음을 맞이합니다. 무함마드의 무덤도 메디나에 있습니다. 메카와 함께 이교도가 들어갈 수 없는 신성한 구역으로 수렵이나 살생, 싸움 등이 금지되어 있습니다.

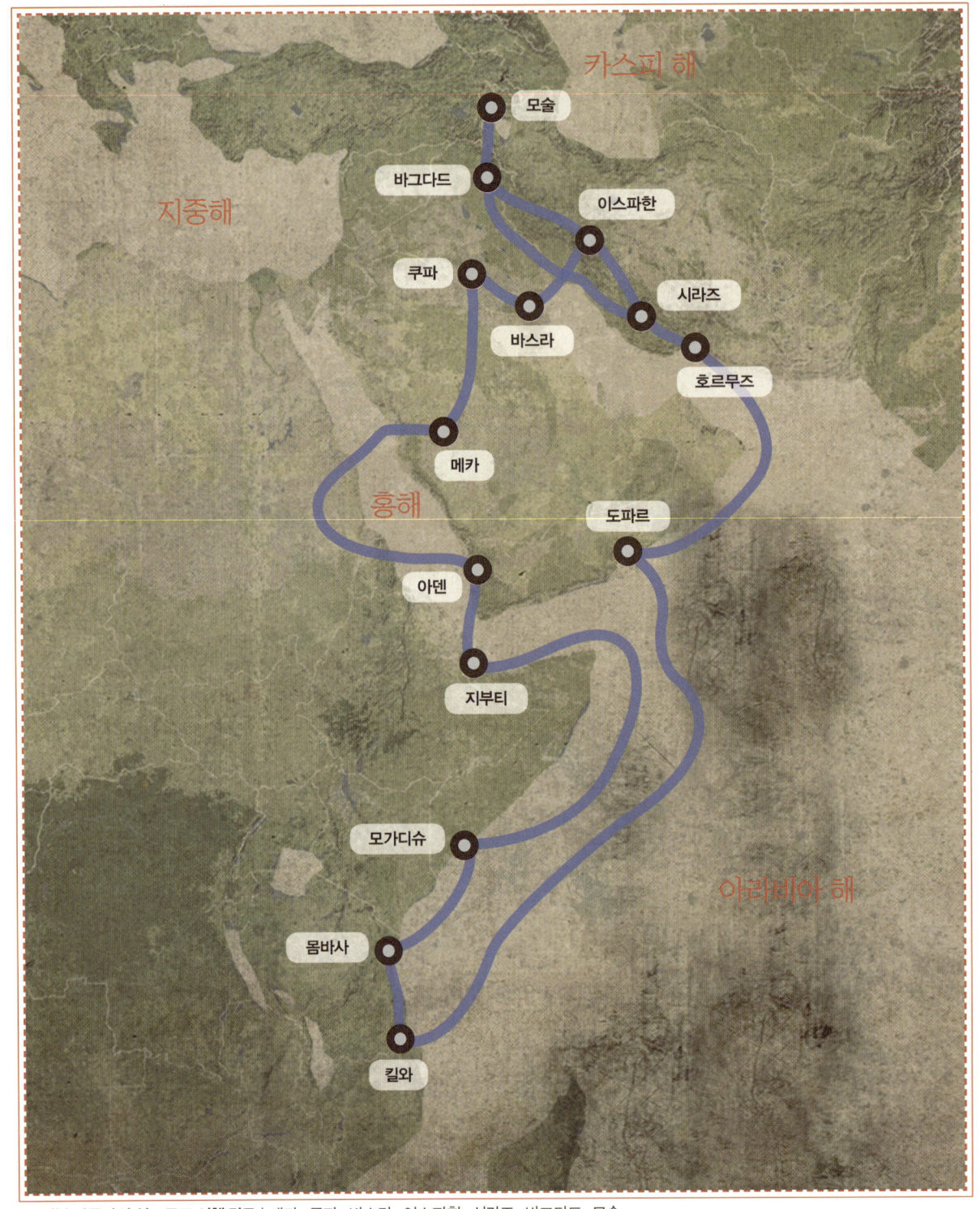

▶ **이븐 바투타의 실크로드 여행 경로** | 메카-쿠파-바스라-이스파한-시라즈-바그다드-모술-바그다드-메카-아덴-지부티-모가디슈-킬와-도파르-호르무즈-메카

2장 본격적으로 여행을 시작하다

순례 여행을 마친 이븐 바투타는 고향으로 돌아가지 않고 여행을 계속하기로 마음먹었습니다. 알라의 축복이 내린 땅과 성지들을 참배하고 훌륭한 이슬람의 성자들을 만나고 싶은 마음이 더 간절해졌기 때문이었습니다. 이븐 바투타의 여행은 지금부터 시작입니다. 알라가 늘 함께하기 때문에 이븐 바투타의 여행은 즐거움이 가득했습니다. 알라의 손길이 미치는 곳을 여행한다는 것은 이븐 바투타에게 축복이었습니다.

[여행을 계속하기로 마음먹다]

이븐 바투타는 메카에서 한 달간 머물렀습니다. 머무는 동안 다른 무슬림들과 어울렸고, 훌륭한 학자들에게 이슬람법을 배우기도 했습니다. 이븐 바투타는 메카에서의 생활이 매우 즐거웠습니다. 그는 꼭 다시 메카에 오겠다는 결심을 했습니다.

메카를 떠나면서 이븐 바투타는 원래의 목적인 순례 여행을 마쳤지만 고향으로 돌아가지 않고 바그다드로 돌아가는 순례단에 합류했습니다. 알라의 축복이 내린 땅과 성지들을 참배하고 훌륭한 이슬람의 성자들을 만나고 싶은 마음이 더 간절해졌기 때문입니다.

바그다드
오늘날 이라크의 수도로 8세기 실크로드의 발달과 함께 크게 번성했다. 아바스 왕조(750~1258)의 수도였다.

쿠파
이라크에 위치한 아랍의 중세 도시이다. 8~10세기에 아랍 문화와 학문의 중심지였다. 외부 공격으로 점차 쇠퇴해 이븐 바투타가 찾았을 때는 폐허가 되어 있었다.

칼리프
아랍어로 '뒤따르는 자'라는 뜻. 무함마드가 죽은 후 이슬람 공동체·이슬람 국가의 지도자이며, 최고 종교 권위자를 부르는 호칭이다.

순례단은 북동쪽으로 방향을 잡았습니다. 마침내 쿠파라는 도시에 도착했습니다. 쿠파는 오랫동안 이슬람의 도시로 번성했지만 지금은 폐허가 되어 있었습니다.

쿠파에서 몇 킬로미터 떨어져 있지 않은 나지프에는 무함마드의 조카이며, 사위였던 알리의 무덤이 있었습니다. 알리는 무함마드가 죽고 난 후 뒤를 이어 네 번째로 이슬람 제국을 다스렸던 제4대 칼리프였습니다.

"이곳에서 기도를 하면 절름발이도 걸을 수 있고, 꼽추도 허리를 펼 수 있다네. 알라

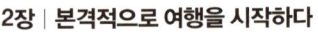
15세기에 그린 것으로, 메카로 성지순례를 마쳤다는 증명서.

의 영광을!"

사람들은 이븐 바투타에게 알리의 무덤에서 이루어진다는 기적에 대해서 이야기해 주었습니다. 이븐 바투타는 직접 기적을 보지는 못했습니다.

이븐 바투타는 지금까지 함께했던 순례단과 헤어지고 다른 카라반에게 낙타를 빌려서 바스라라는 도시로 향했습니다. 바스라는 쿠파와 함께 한때 이슬람 문화의 중심 도시였던 곳입니다.

바스라로 가는 길은 험난했습니다. 도적 떼들이 언제 나타날지 몰라 두려움에 떨어야 했습니다. 이븐 바투타 일행이 갈대가 빽빽한 습지대를 지나던 중 두려워하던 일이 벌어졌습니다! 뒤처졌던 몇몇 사람이 도적 떼에 붙잡혀서 소지품을 모두 빼앗긴 것입니다. 일행이 눈치도 채기 전에 도적 떼는 갈대숲으로 사라져 버렸습니다.

이븐 바투타는 우여곡절 끝에 바스라에 도착했습니다. 야자나무 숲이 인상적인 바스라는 낯선 사람들에게도 넉넉한 인심을 베푸는 도시였습니다. 사람들은 이븐 바투타를 환대해 주었습니다. 알라의 세계에서 무슬림들은 모두 하나였습니다. 바스라를 책임지고 있는 지사가 직접 나와서 손님을 맞이하고 아주 후하게 대접해 주었습니다. 뿐만 아니라 한 이슬람 학자는 이븐 바투타를 자신의 집에 초대해서 옷과 돈

바스라
이라크에서 두 번째로 큰 항구 도시이다. 고대부터 아랍의 학문·시·과학·상업·금융의 중심지였다. 『아라비안나이트』의 「신드바드의 모험」에서 신드바드가 항해를 시작한 도시로 잘 알려져 있다.

지사
한 지역을 다스리는 최고 책임자.

바스라에서 출항하는 옛 이슬람 배를 그린 그림. 중세 수세기 동안 무슬림들은 해상 무역의 패권을 잡았다.

을 주었고, 또 다른 사람은 음식을 대접하고 대추야자 열매와 돈을 주었습니다. 여행이 이렇게 편안하고 풍족한 것이라면 아무리 먼 곳이라도 갈 수 있을 것 같다는 생각이 들 정도였습니다.

무슬림들이 이슬람의 땅을 여행하는 것은 다른 지역을 여행하는 것보다 훨씬 편했습니다. 어느 도시나 자위야라는 이슬람 사원 단지가 있는데, 그곳에는 여행객을 위한 숙소와 음식이 준비되어 있었습니다. 바스라의 자위야도 훌륭한 시설을 갖추고 있었습니다. 게다가 빵과 고기와 포도 시럽을 바른 맛있는 과자도 주었습니다. 음식에 유독 관심이 많았던 이븐 바투타에게 바스라의 자위야는 더없이 마음에 드는 곳이었습니다. 또한 바스라는 이슬람 최초의 모스크가 세워진 곳이어서 무슬림에게는 특별한 의미가 있었습니다. 이븐 바투타는 뾰쪽하게 솟은 탑이 일곱 개나 되는 알리 이븐 아비 탈리브 모스크의 탑에 올라갔습니다. 많은 사람들이 기적을 시험하려고 몰려들었습니다.

알리 이븐 아비 탈리브
이슬람의 창시자인 무함마드의 사촌이자, 무함마드의 딸 파티마의 남편이며 이슬람 제국 초기 지도자이다. 정통 칼리프 중의 한 사람.

그때 누군가 "나는 알라의 사자의 이름으로 맹세하나니, 움직일지어다. 알라에게 평화를!"이라고 외치며 뾰쪽탑의 손잡이를 흔들자 알라가 답이라도 하듯 뾰쪽탑 전체가 흔들렸습니다.

'알라여! 당신이 계시지 않은 곳이 없다는 것을 알았습니다. 알라의 영광을!'
이븐 바투타는 다시 한 번 고개 숙여 알라께 기도를 올렸습니다.

이슬람의 음식 문화

무슬림들은 돼지고기를 먹지 않지요. 왜 그렇게 맛있는 것을 먹지 않느냐고요? 이슬람교에서는 사람이 먹을 수 있는 음식과 그렇지 않은 음식을 엄격하게 구분합니다. 먹을 수 있도록 허용된 음식을 할랄이라고 하고, 금지된 음식은 하람이라고 합니다. 무슬림들에게는 음식을 먹는 일도 종교와 밀접하게 관련이 있습니다. 즉, 좋은 먹을거리로 몸을 건강하게 유지해야 알라를 올바로 섬길 수 있다고 보는 것이지요. 우선 먹을 수 있도록 허락된 음식은 깨끗한 사람인 무슬림에 의해서 준비된 깨끗한 음식을 말합니다. 쿠란에 나타난 좋은 음식으로는 하나님의 축복을 받은 과실인 무화과, 올리브, 대추야자 열매, 포도, 꿀, 석류 등이 있습니다. 이것들은 신의 축복을 받은 것으로 무슬림들이 가장 즐겨 먹는 음식의 주재료로 쓰입니다. 반면에 먹으면 안 되는 음식에는 돼지고기와 알라의 이름으로 잡은 고기가 아닌 것, 목 졸라 죽인 동물, 때려잡은 것, 떨어져 죽은 것, 서로 싸우다 죽은 것, 다른 야생 동물이 먹다 남긴 것, 우상에 제물로 받쳐진 것, 동물의 피 등이 포함되어 있습니다.

▶ 대추야자 열매

돼지고기를 먹지 못하게 하는 이유는 무슬림들은 돼지를 불결하고 게으르고 습성이 나쁜 동물로 여기기 때문입니다. 돼지를 불결하다고 생각하는 이유는 무슬림이 많이 사는 더운 사막 기후에서 지방과 병원균이 많은 돼지고기가 썩기 쉬워 건강을 해치기 때문일 것입니다. 또한 고기는 반드시 이슬람식으로 자비롭게 도살된 것만 먹을 수 있습니다. 무슬림들은 이러한 이슬람의 음식 문화 때문에 이슬람 지역이 아닌 나라를 여행할 때 고기를 잘 먹지 않습니다. 또한 이슬람교에서는 술도 금하고 있습니다. 술을 마시면 이성을 잃고 절제하지 못한다는 것이 이유입니다.

[페르시아의 도시를 여행하다]

이븐 바투타는 바스라에서 작은 배를 타고 페르시아 만으로 연결되는 수로를 따라 노를 저어 갔습니다. 그는 사람들로부터 그 근처에 훌륭한 예언자가 살고 있다는 이야기를 들었습니다.

"그 위대한 예언자는 한 달에 한 번 식량을 구하기 위해 낚시를 할 때를 제외하고는 절대 모습을 드러내지 않는다고 합니다."

"그렇게 대단한 분이신가요?"

"물론이지요."

위대한 예언자들을 만나서 여러 번 도움을 받았던 이븐 바투타는 이번에도 예언자를 꼭 만나고 싶었습니다. 근처 마을을 수소문한 끝에 이븐 바투타는 폐허가 된 모스크에서 기도를 올리고 있는 예언자를 발견했습니다. 이븐 바투타는 매우 기뻤지만 흥분을 가라앉히고 조용히 그의 옆자리에 앉았습니다. 기도를 끝낸 그는 이븐 바투타의 손을 잡고 축복의 말을 해 주었습니다.

"알라께서 당신의 현재와 미래 그리고 다음 생의 소망을 다 이루어 주시길!"

고된 여행에 지쳐 있었던 이븐 바투타에게 그의 기도는 새로운 힘과 용기를 불어넣어 주었습니다.

> **자그로스 산맥**
> 이란 남서부에 있는 산맥으로 이란 산맥이라고도 불린다. 봉우리들의 높이는 3천6백 미터 이상이며, 만년설로 덮여 있다.

'세상의 그 누구보다 더 넓은 땅을 여행하면서 알라가 이루어 놓은 영광스러운 땅을 모두 보고 말겠다. 알라의 이름으로!'

기운을 충전한 이븐 바투타는 자그로스 산맥을

넘어 이스파한으로 향했습니다. 이스파한으로 가는 도중 이븐 바투타는 그곳을 다스리는 술탄으로부터 여행 경비를 하사 받았습니다. 이븐 바투타에게 여행은 알라의 넘치는 축복으로 온통 즐겁고 경이로운 경험으로 가득해졌습니다.

> **술탄**
> 이슬람 세계의 국가 또는 지역을 다스리는 군주를 부르는 말.

이스파한은 아름다우면서도 활기가 넘치는 도시였습니다. 이곳에서 화려한 대리석과 형형색색의 모자이크 타일로 섬세하게 장식된 목욕탕을 본 이븐 바투타는 놀라움을 감추지 못했습니다.

이스파한의 여러 가지 맛있는 과일들과 음식들은 이븐 바투타의 입맛을 사로잡았습니다. 그러나 이븐 바투타는 처음 먹어 보는 설탕에 절인 수박을 너무 많이 먹은 탓에 설사병이 나고 말았습니다. 설사병은 쉽사리 낫지 않아서 여행하는 내내 이븐 바투타를 괴롭혔습니다.

이슬람 사람들은 청결을 매우 중시하였다. 이슬람 세계에서는 마을이나 도시마다 최소한 한 개 이상의 목욕탕이 있었다. 이 목욕탕을 아랍어로 하맘이라고 한다.

▶ 이맘 광장

페르시아의 도시, 이스파한

이스파한은 이란의 수도인 테헤란 남쪽, 이란 고원 위에 위치한 교통의 요지로 아름다운 페르시아의 도시입니다. 이슬람에 정복된 이후에 상업 도시로 발전했지만 몽골족인 칭기즈칸, 티무르에게 약탈을 당하기도 했습니다. 1597년에 이슬람 왕조인 사파비 왕조(1502~1736)의 수도가 되었습니다. 사파비 왕조는 이스파한을 세계에서 가장 아름다운 도시로 만들겠다는 계획 하에 건축가와 공예인을 모아 수도를 건설했습니다. 그래서 '이스파한은 세계의 절반'이라는 이란 속담으로까지 남게 되었지요. 오늘날도 여전히 아름다움을 간직하고 있으며, 유적이 잘 보존되어 있으며 세계 3대 광장 중 하나인 '제왕 광장(오늘날 이맘 광장)'이 있습니다.

이스파한을 떠나 열흘을 여행한 이븐 바투타는 시라즈에 도착했습니다. 이븐 바투타는 도시의 아름다움에 감탄이 절로 나왔고 사람들의 따뜻함에 깊은 감명을 받았습니다.

이븐 바투타는 이스파한에서 시라즈로 향하면서 마즈드 알 딘 이스마일이라는 유명한 샤이흐를 만나 보고 싶다는 생각뿐이었습니다. 이븐 바투타는 다행히 그를 만날 수 있었습니다. 그는 이븐 바투타를 환영하며, 따뜻하게 안아 주었습니다. 쿠란 앞에서 그는 이븐 바투타와 함께 알라께 기도를 올렸습니다. 그 역시 이븐 바투타와 같은 법관이었지만 사람들을 그를 '우리의 가장 존경받는 스승'이라고 불렀습니다. 그만큼 사람들에게 존경을 받고 있다는 의미였습니다.

이븐 바투타는 시라즈 주변의 성지들을 여행하고 그곳에서 성자들의 무덤을 발견하거나 살아 있는 뛰어난 구도자들을 만나면서 무슬림으로서 강한 자부심을 느꼈습니다. 게다가 가는 곳마다 알라의 거룩한 도움으로 먹을 것과 잠잘 곳뿐만 아니라 여행 경비까지도 해결되니 여행이 더욱 성스럽게 느껴졌습니다.

> **알 사디**(1207~1291)
> 이란인들에게 가장 잘 알려진 세 명의 시인 중 한 명이다. 13세기 페르시아 서정시의 부흥기를 이끌었다. 그의 명성은 영국 최고의 극작가이자 시인인 셰익스피어(1564~1616)에 버금갈 정도였다.

시라즈는 페르시아인들의 예술의 중심지이기도 했습니다. 시라즈 교외에서 이븐 바투타는 위대한 페르시아의 시인 중 한 사람인 알 사디의 무덤을 발견했습니다. 알 사디는 이슬람의 가르침을 시에 아름답게 표현해서 페르시아인들의 사랑을 받았습니다.

▶ 시라즈의 포도 농장

이란 남서부에 위치한 페르시아의 도시로 기원전 2000년경의 엘람(이란 고원의 옛 지명)의 점토판에도 기록되어 있는 유서 깊은 도시이다. 13세기에는 많은 페르시아 학자와 예술가가 시라즈에 거주해 예술과 문학의 중심지가 되었다. 시라즈의 3대 명물은 와인, 꽃, 시이다.

이븐 바투타는 시인의 무덤 옆에 지어진 눈부시게 아름다운 정원이 있는 자위야에 묵으면서 알라의 자비가 함께하기를 기원했습니다.

페르시아의 옛 도시들은 비록 지금은 침략을 많이 받아 폐허가 되는 곳이 많았지만 찬란한 문화를 꽃피웠던 시절의 유산이 곳곳에 남아 있었습니다. 이븐 바투타는 알라의 축복으로 이곳까지 오게 된 것을 감사해 했습니다.

찬란한 문명 제국, 페르시아

페르시아는 1935년 전까지 지금의 이란 지역과 그 지역에 세워진 고대 왕국 또는 그들의 문화 전체를 일컫는 말입니다. 페르시아라는 이름은 기원전 10세기경에 이 지역으로 와서 정착한 민족인 파르스(fars)의 라틴어 이름입니다. 페르시아 제국은 기원전 815년경에 세워지고, 기원전 6세기~기원전 5세기 찬란한 고대 문명을 꽃피우다가 그리스 마케도니아의 알렉산드로스 대왕에 정복당하게 됩니다. 이후에는 셀레우코스 제국, 파르티아 제국이 다스렸고 다시 사산 왕조(251~651)의 땅이었지요. 물론 그 땅에 살던 사람이 달라진 것은 아닙니다. 단지 통치를 하는 왕조가 달라진 것이지요. 그러다가 이슬람교도인 아랍인들의 공격을 받고 이슬람 제국(651~1037)의 일부가 되었습니다. 이후 셀주크 제국(1037~1291)이 차지했다가 몽골의 침입으로 초토화되기도 했습니다.

이븐 바투타가 여행하던 시기 페르시아는 몽골의 침입으로 폐허가 된 곳이 많았고, 이슬람으로 개종한 일 한국의 술탄이 다스리고 있었습니다.

▶ 시라즈 시 근처에 있는 페르시아 시대의 유적

[술탄 아부 사이드를 만나고 바그다드로 가다]

　페르시아 남부의 이스파한과 시라즈 등의 도시를 여행하면서 이슬람의 유적과 각 지역의 위대한 예언자들을 만난 이븐 바투타는 이번 여행의 최종 목적지인 바그다드를 향해 한 걸음 한 걸음 다가갔습니다. 그리고 마침내 영광스러운 이슬람 제국의 수도인 바그다드에 도착했습니다. 마침 바그다드에는 이라크 지역을 다스리는 술탄 아부 사이드가 머물고 있었습니다. 그는 먼 길을 떠날 준비를 하고 있었습니다. 이븐 바투타는 술탄의 행렬은 어떤 모습인지 궁금했고, 술탄도 만나 보고 싶은 강한 열망에 사로잡혔습니다. 술탄 일행이 머물고 있는 곳을 찾아간 이븐 바투타는 엄청난 규모에 깜짝 놀랐습니다.

> **아부 사이드**(재위 1316~1335)
> 페르시아에 세워진 일 한국의 마지막 칸이다. 이슬람으로 귀화한 몽골인이다.

　'알라의 사자, 술탄은 역시 대단한 사람이군. 그에게 영광을!'

　이븐 바투타는 한 나라를 다스리는 왕이니 그를 따르는 사람이 많을 것이라고 생각했습니다. 하지만 실제로 가서 보자, 생각했던 것보다 훨씬 많은 사람이 있었습니다. 호위 병사들, 대신들, 악사들, 술탄의 부인 등 사람만 수백 명이었고 이들이 묶는 야영지에는 커다란 천막만 수십 개였습니다.

　이븐 바투타는 술탄을 찾아뵈었습니다. 술탄은 이븐 바투타를 두 팔 벌려 환영하며 자신들과 동행하도록 허락해 주었습니다.

　"알라의 이름으로 형제를 환영하네. 그대에게 알라의 영광을!"

　"이렇게 맞아 주시니 감사할 따름입니다. 술탄께 알라의 평화를!"

▶ 오늘날의 바그다드
이라크가 쿠웨이트 침공한 것이 계기가 되어, 1991년 미국·영국·프랑스 등 34개 다국적군이 이라크를 공격한 걸프 전쟁이 일어났다. 이때 이라크의 수도인 바그다드가 파괴되었다. 또한 9·11 테러가 일어나면서 미국이 이라크를 공격해 전쟁이 일어났다. 두 번의 전쟁으로 이슬람 제국의 수도인 바그다드의 유적들은 파괴되고 말았다.

이븐 바투타는 최고의 대우를 받으며 술탄 일행과 열흘 동안 함께 여행했습니다. 이븐 바투타는 술탄에게 메카로 순례 여행을 다시 떠나고 싶다고 하자, 술탄은 이븐 바투타에게 옷과 말을 내려 주었습니다. 또한 이븐 바투타가 순례 여행을 편히 할 수 있도록 바그다드 지사에게 넉넉한 식량과 교통편을 제공해 주라는 편지를 써 주기도 했습니다.

이븐 바투타는 너무 행복했습니다. 때로는 죽을 고비를 넘기기도 했지만 친절한 사람들 덕분에 편안하게 여행할 수 있었습니다.

술탄 일행과 헤어진 이븐 바투타는 다시 바그다드로 돌아왔습니다. 그는 바그다드에서 메카로 떠나는 순례단에 동행하기로 했습니다. 순례단이 출발하기를 기다리는 동안 잠깐 짬이 난 이븐 바투타는 바그다드 북쪽의 모술로 짧은 여행을 가기로 했습니다. 이제 그에게 새로운 곳을 여행한다는 두려움은 없었습니다.

모술
티그리스 강가에 있는 이라크에서 세 번째로 큰 도시.

티그리스 강
소아시아와 메소포타미아를 흐르는 강. 아르메니아 고원에서 시작해 유프라테스 강에 합류해서 페르시아 만으로 흘러든다.

모술 여행에서 이븐 바투타는 티그리스 강 주변에서 야영을 하며, 여유롭게 풍경을 즐겼습니다. 편안한 여행을 끝내고 바그다드로 돌아온 이븐 바투타는 메카로 두 번째 순례 여행을 떠나기 위한 준비를 했습니다. 모술 여행을 떠나기 전 동행하기로 했던 순례단은 이라크 술탄의 지시대로 이븐 바투타에게 낙타가 끄는 가마를 절반 이상 내주었고, 네 명 분의 식량과 물을 제공해 주었습니다.

그런데 이번 여행은 순조롭지 못했습니다. 이븐 바투타는 이스파한에서 한동안 고생했던 설사병이 도져서 하루에도 몇 번씩 설사를 했습니다. 기운이 너무 빠진 그는 사람들의 도움 없이는 가마에 오를 수도 없었습니다.

힘들게 메카에 도착해서도 이븐 바투타의 몸은 쉽게 좋아지지 않았습니다. 일단 몸부터 추스르기로 한 이븐 바투타는 1328년부터 1330년까지 약 3년간 메카에 머물렀습니다. 그는 그동안 이슬람 공부에 몰두했으며, 독실한 신앙생활을 했습니다.

몸을 회복한 이븐 바투타는 다시 여행을 시작해야겠다고 마음먹었습니다. 알렉산드리아에서 만났던 알 무르시디의 예언처럼 이븐 바투타는 인도를 여행하고 싶었지만 아직 결단을 내리지 못했습니다. 이븐 바투타는 우선 가 보지 못한 가까운 알라의 땅부터 여행하기로 했습니다. 이븐 바투타는 알라의 뜻이라면 언젠가 반드시 인도를 여행할 수 있을 것이라고 생각했습니다.

이슬람의 지도자, 칼리프와 술탄

이슬람 세계에서 가장 높은 신분을 가진 사람이 칼리프와 술탄입니다.

칼리프는 이슬람을 창시한 예언자 무함마드의 뒤를 이어 무슬림들의 지도자가 된 사람입니다. 칼리프는 아랍어로는 칼리파이며, '칼리파트 라술 알라'로 '신의 사도의 대리인'이라는 뜻을 가지고 있습니다. 즉, 칼리프는 예언자 무함마드의 뒤를 이어 이슬람교를 지키는 동시에 이슬람 세계를 통치하는 이슬람 제국의 최고 통치자를 가리키는 말입니다. 그런데 아바스 왕조(750~1258) 이후에 제국의 힘이 약해지면서 칼리프의 권위는 땅에 떨어지고 이름만 남게 되었습니다.

술탄은 아랍어로 권위, 권력을 뜻합니다. 본래 칼리프를 대신해서 각 지역을 다스리는 정치 지도자였습니다. 그러다 아바스 왕조 이후 칼리프의 지위가 떨어지자 각 지역을 다스리던 술탄이 이슬람 세계 제일의 위치를 차지하게 되었습니다. 술탄이 다스리는 지역을 술탄국이라고 했지요.

술탄은 화려한 궁전에서 근위병의 보호를 받으며 많은 신하들을 거느렸습니다. 이슬람법에 따르면 아내를 네 명까지 둘 수 있기 때문에 여러 명의 아내를 두기도 했습니다. 술탄 제도는 없어졌지만 오늘날에도 지도자를 의미하는 말로 여러 지역에서 사용되고 있습니다.

[배를 타고 아프리카로 떠나다]

이븐 바투타는 배를 타고 홍해를 따라 아라비아 반도 남쪽의 예멘으로 가기로 했습니다. 우선 제다 항구에서 질바라는 배를 타고 이집트 해안의 아이자브로 갔다가 다시 그곳에서 배를 타고 예멘으로 간다는 계획이었습니다. 그러나 배를 타는 것이 여의치 않았습니다. 선장들은 돈벌이에만 급급해 승객의 안전은 뒷전이었습니다.

> **제다**
> 메카 서쪽 홍해 연안에 있는 사우디아라비아의 중요한 항구 도시.
>
> **질바**
> 예멘, 홍해 연안 사람들이 만든 중형 배로 밑바닥이 깊고, 음식물과 음료수 등 화물을 넣은 창고가 있는 배.

"저 작은 배에 저렇게 많은 사람과 낙타를 태우다니!"

"글쎄 말이야, 저러다 배가 뒤집어지겠어. 난 절대 저 배는 안 탈 거야. 알라의 이름으로!"

바닷길이 처음이었던 이븐 바투타는 걱정스러운 마음에 질바에 타는 것을 거부했습니다. 작은 배에 많은 사람들과 낙타들이 뒤섞여 타고 있어서 배가 기우뚱거릴 정도였습니다. 그 상태로 갔다가는 언제 배가 뒤집힐지 모를 일이었습니다. 이븐 바투타는 좀 더 기다린 후에 사람들만 싣고 출발하는 배를 탔습니다.

뱃길은 순풍에 돛을 단 듯 순조로웠습니다. 그런데 갑자기 바람의 방향이 바뀌고 파도가 배 안까지 밀려들었습니다! 사람들은 심한 멀미에 시달렸습니다. 배는 가까스로 아프리카의 이름 모를 해안가에 정박할 수 있었습니다. 그런데 그곳에 갈대로 만든 모스크 모양의 오두막이 있는 것이 아니겠습니까?

▶ 모로코에 거주하고 있는 베르베르족의 모습

알라께 감사를! 그 안에는 물이 담긴 타조 알껍데기가 가득 있었습니다. 사람들은 그 물로 갈증을 해소하고 음식을 요리해 먹었습니다.

이븐 바투타는 모든 곳에 알라의 손길이 뻗어 있음을 느끼며 감사의 기도를 올렸습니다. 휴식을 취한 사람들은 이틀 동안 베자족의 호위를 받으며 예멘으로 뱃길을 잡았습니다. 아라비아 반도와 아프리카 대륙 사이의 좁은 바다인 홍해를 건너는 데만 6일이 걸렸습니다. 배는 예멘 남쪽의 아덴 항구에 도착했습니다. 마침 계절풍이 불고 있어서 육로가 아닌 배를 타고 계속 남쪽으로 내려가 보기로 했습니다.

베자족
홍해와 나일 강 사이의 지역, 이집트에서 수단을 거쳐 에리트레아에 걸쳐 사는 아프리카의 유목 민족으로 무슬림이다.

2장 | 본격적으로 여행을 시작하다

처음에 도착한 곳은 아프리카 소말리아 해안의 지부티라는 항구 도시였습니다. 항해를 계속한 끝에 '베르베르족의 땅'인, 빼어난 풍경을 자랑하는 모가디슈를 방문했습니다.

모가디슈
인도양에 접해 있는 아프리카의 항구 도시로 소말리아의 수도이다. 도심지는 이슬람 도시의 모습을 하고 있지만 부분적으로 서구화된 모습을 가지고 있다.

여행을 하는 동안 이븐 바투타는 다양한 세계를 보고 경험했습니다. 그러면서 자신의 얼마나 무지했는가를 깨달았고, 여행이 가져다준 풍성한 결과에 감사할 따름이었습니다.

베르베르족

대서양에 접해 있는 북아프리카 지역에서부터 나일 계곡 서쪽 지역에 걸쳐서 오래전부터 살던 민족입니다. 현재는 모로코, 알제리, 튀니지, 리비아, 사하라 사막 이남 지역 등에 살고 있습니다. 베르베르어를 쓰며, 알제리와 모로코 인구의 대부분을 차지하고 있습니다.

'베르베르'라는 말은 그리스어와 라틴어의 바루바루스(Barubarus)에서 나왔으며, 1~3세기경 그리스나 로마 이외의 지역에 거주하는 문명화되지 않은 사람들이라는 뜻을 가지고 있습니다. 그러나 베르베르족 사람들은 그들 부족을 이마지겐(Imagigen), 즉 고귀한 출신의 사람, 자유인이라고 불렀습니다.

지중해, 인도양, 대서양 등의 바다에 접해 있어서 오래전부터 다른 민족들의 침입을 많이 받았습니다. 페니키아, 로마, 비잔틴, 아랍, 스페인의 침략을 받았으며 근세에 들어서는 오스만 제국과 프랑스의 침입을 받기도 했습니다. 특히 7세기에서 11세기에 걸친 아랍의 두 차례 침입과 정복은 베르베르의 전통문화를 바꿔 놓은 계기가 되었습니다. 북부아프리카가 이슬람 세계가 된 것이지요. 이로 인해 베르베르족의 대부분이 이슬람 신자가 되었고, 지금까지도 이슬람 지역으로 남아 있습니다. 모로코 탕헤르에서 태어난 이븐 바투타 역시 베르베르족 출신의 무슬림이었습니다.

모가디슈는 엄청나게 큰 도시였습니다. 이곳 역시 이슬람 통치자인 술탄이 다스리고 있었습니다. 이븐 바투타는 모가디슈의 시장을 구경했습니다. 시장에는 여러 나라에서 수입한 질이 좋은 옷감들을 파는 부자 상인들이 무척 많았습니다. 음식에 호기심이 많았던 이븐 바투타는 사과와 비슷하게 생긴 망고를 처음 먹어 보기도 했습니다. 처음 맛보는 망고의 달콤함에 이븐 바투타는 여행의 또 다른 즐거움을 느낄 수 있었습니다.

몸바사
동아프리카 케냐의 주요 항구 도시로 인도양의 산호섬에 있다. 11세기 아랍인들이 건설한 도시이다.

산호초
열대 해안에서 산호충이 퇴적되어 만들어진 암초.

이븐 바투타는 남쪽 해안을 따라 좀 더 내려갔습니다. 몸바사에 잠시 머무른 후 이븐 바투타는 다시 해안을 따라 내려가서 스와힐리 해변의 킬와에 도착했습니다.

술탄의 통치 지역인 킬와에서는 산호초로 모스크를 건설하고 있었습니다. 이븐 바투타는 자신의 발길이 닿는 곳마다 이슬람이 물결치는 알라의 땅이라는 것에 가슴이 벅차올랐습니다. 산골짜기와 가파른 비탈길을 걷느라 발톱에서 피가 날 정도로 고통스러웠지만 이븐 바투타의 마음속에서는 다시 한 번 굳은 의지가 생겨났습니다.

'알라의 손길이 미치는 모든 세상을 내 눈으로 꼭 확인할 거야. 알라의 이름으로!'

이븐 바투타는 계절풍의 방향이 바뀌는 것을 기회로 다시 아라비아로 돌아왔습니다. 그리고 1332년, 세 번째로 메카 순례 여행을 떠났습니다.

▶ 킬와 키시와니 섬 유적

킬와 키시와니는 탄자니아의 수도 다르에스살람의 남쪽에 위치한 섬이다. 10세기 페르시아인에 의해 건설되었고, 13세기에는 아랍 세력의 지배하에 있었다. 지금은 유적만이 남아 있다.

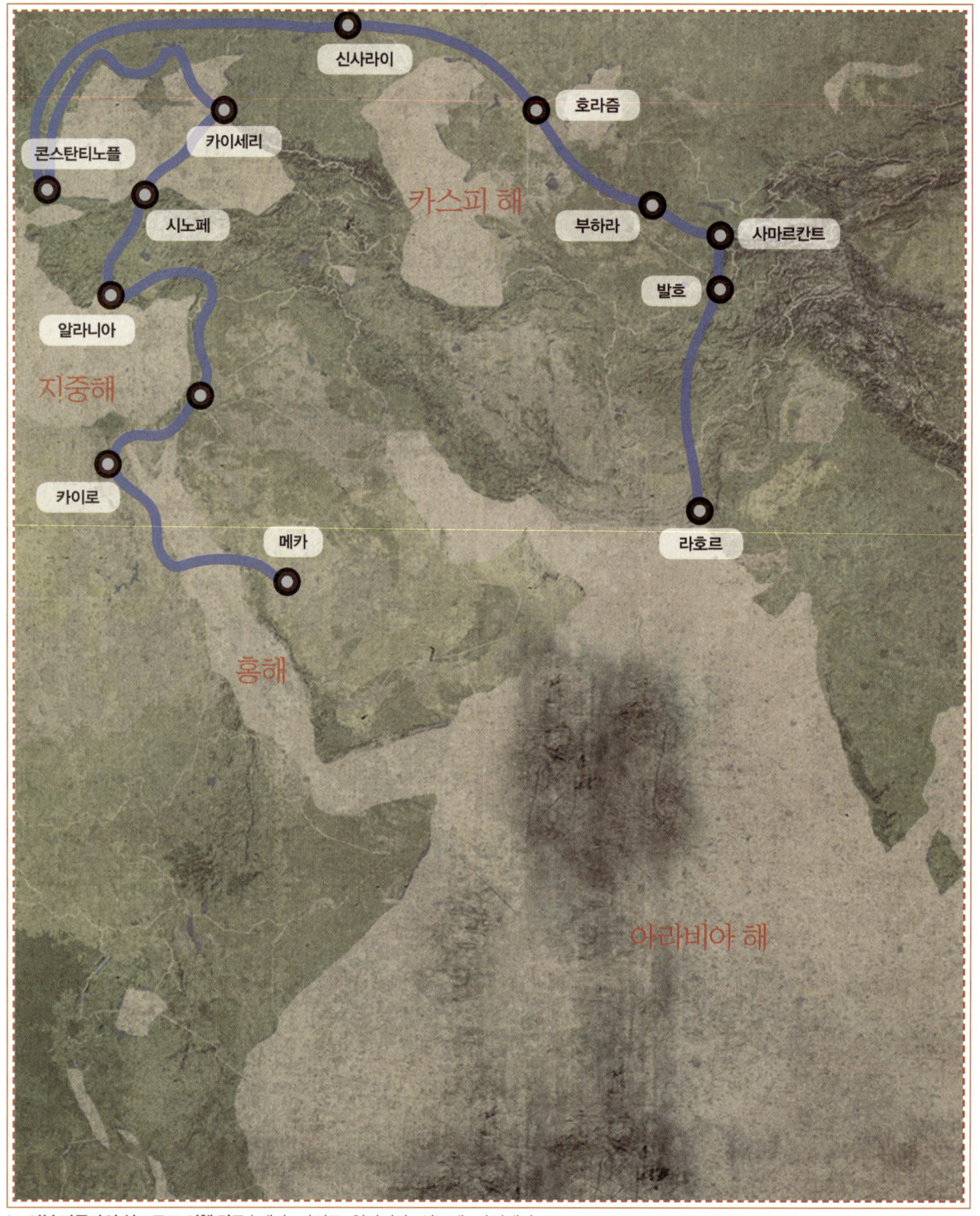

▶ 이븐 바투타의 실크로드 여행 경로 | 메카-카이로-알라니아-시노페-카이세리-
콘스탄티노플-신사라이-호라즘-부하라-사마르칸트-발흐-라호르

3장 고대 실크로드를 따라 인도로 가다

이븐 바투타는 처음 메카로 순례 여행을 시작했을 때 만난 구도자의 예언을 기억했습니다. 언젠가 꼭 인도에 가고 싶었지만 결심이 생기지 않았던 이븐 바투타는 더 이상 망설이지 않기로 했습니다. 인도로 가서 술탄을 도와 알라의 뜻을 펼치는 일을 하기로 한 것입니다. 고대 실크로드를 따라 실크로드의 도시로 번성했던 도시들을 둘러본 이븐 바투타는 드디어 인도에 도착했습니다.

[인도에 대한 호기심이 싹트다]

아프리카 여행 중에 인도인 순례자를 만난 이븐 바투타는 구도자 알 무르시디의 예언을 다시 떠올리게 되었습니다.

'그래, 이제 인도로 가는 거야. 더 이상 망설이지 말자.'

이븐 바투타는 인도가 얼마나 멀리 떨어져 있는지, 어떤 위험이 놓여 있을지 알 수 없지만 인도로 가는 것은 자신의 운명이라고 생각했습니다. 그는 인도의 술탄을 도와 알라의 뜻을 펼치는 일을 해 보고 싶었습니다.

출발은 쉽지 않았습니다. 일단 배를 타고 예멘으로 가려던 이븐 바투타는 안내자를 구하지 못해 40여 일을 허송세월해야 했고, 어렵사리 배를 구했지만 강한 바람 때문에 예멘이 아닌 아프리카 해안에 도착하고 말았습니다. 예멘에서 바닷길로 가면 인도에 빠르게 도착할 수 있지만 육로로 가는 것 외에 다른 방법이 없었습니다. 이븐 바투타는 스스로를 위안했습니다.

'이것 역시 알라의 뜻이다. 바다가 아니라 육지로 가게 되면 더 많은 알라의 땅과 도시들을 볼 수 있게 될 거야. 알라의 이름으로!'

나일 강을 따라 카이로로 올라가는 길에 이븐 바투타는 오랜 여행의 길동무가 되어 줄 알 투자리를 만났습니다. 둘은 이집트 카이로를 출발해서 시나이 반도를 건너 시리아 연안을 따라 갔습니다. 그러다 한 항구에서 지중해를 건너 제노바로 향하는 기독교 상인의 배를 얻어 탔습니다.

> **제노바**
> 이탈리아 북서부에 위치한 항만 도시.

▶ 파묵칼레

터키 남추 네지즐리 주에 있는 고대 도시 유적으로 방해석과 물이 어우러진 풍경이 장관을 이룬다. 기원전 130년 이곳을 정복한 로마인은 이 도시를 '성스러운 도시'를 뜻하는 '히에라폴리스'라고 불렀다. 11세기 후반 셀주크 제국의 지배를 받으면서 '파묵칼레'라는 현재의 이름으로 불리게 되었다.

    그들은 아나톨리아 남쪽 해안에 있는 알라니아라는 항구에 내리게 되었습니다. 말도, 사람도 낯선 땅에 도착한 이븐 바투타는 자신이 이제야 비로소 다른 세상을 여행하는 여행자가 되었다는 생각에 묘한 기분이 들었습니다.

    "알 투자리, 내가 정말 아나톨리아에 온 건가? 이곳이 그리스인의 땅이라고 불렸던 그곳인가?"

    "맞아. 지금은 알라의 땅으로 바뀌어 가고 있다네. 말도, 생긴 것도 다르지만 우리의 형제들은 이곳에도 살고 있어."

> **알라니아**
> 지중해에 접해 있는 터키의 항구 도시.

동방의 땅, 아나톨리아

현재 터키의 대부분을 차지하고 있는 지역을 가리키는 말입니다. 소아시아라고도 부르지요. 그리스어 '아나톨레(anatole)'에서 그 이름이 유래했는데, '태양이 떠오르는 곳' 또는 '동방의 땅'이라는 뜻을 가지고 있습니다.

아나톨리아는 아시아 대륙과 유럽 대륙이 만나는, 즉 동서를 연결하는 곳에 위치해 있어서 인류 문명 초기부터 양쪽 대륙에서 이주하거나 원정을 떠나는 수많은 민족이 거쳐 갔습니다. 또한 동양과 서양 사이에 벌어졌던 수많은 전쟁터가 되기도 했습니다. 기원전 17세기 후반에는 고원지대를 중심으로 히타이트 제국이 일어났다가 쇠퇴했으며 기원전 546년 아케메네스 왕조 페르시아의 침입을 받아 그 지배하에 있었습니다. 기원전 334년 알렉산드로스가 점령한 후에는 헬레니즘 세계에 속했으며 그가 죽은 뒤에는 후계자인 셀레우코스 왕국에 소속되었다가, 기원전 133년 로마의 한 주가 되었습니다. 이때 기독교가 들어와 아나톨리아 전 지역으로 퍼지게 되었습니다. 이어 로마가 동과 서로 나뉘게 되었을 때 동로마, 비잔티움 제국의 영토가 되었습니다. 1071년 무슬림이었던 셀주크튀르크의 침공으로 그리스·로마 세계에서 튀르크·이슬람 세계로 바뀌었습니다. 이후 몽골이 아나톨리아 전 지역을 휩쓸면서 1243년에 셀주크 제국은 몽골의 손아귀에 들어가게 됩니다. 몽골이 물러간 후 튀르크의 여러 부족 사이에서 잇따라 일어난 권력 투쟁에서 오스만튀르크가 승리해 오스만 제국(1299~1922)을 세웠습니다.

1923년 11월 앙카라를 수도로 하는 현재의 터키 공화국이 되었습니다. 터키 사람들은 대부분 이슬람교를 믿고 있습니다.

아나톨리아는 동양과 서양이 교류하는 지점에 있어서 옛날부터 많은 민족들이 오고 간 땅이었습니다. 알렉산드로스 대왕이 동방으로 원정을 떠나면서 거쳐 갔던 곳이기도 했습니다. 그런 곳이 이제는 무슬림의 땅으로 바뀌어 가고

▶ 터키에 있는 동굴 유적
기독교인들이 탄압을 피해 수천 개의 기암에 뚫어 만든 동굴 수도원이 현재까지도 남아 있다.

있었습니다.

아나톨리아에는 이슬람교를 믿는 튀르크인뿐 아니라 기독교를 믿는 그리스인과 유대교를 믿는 유대인들이 섞여 살고 있었습니다. 기독교인들은 자신들의 구역에 담을 치고 살았으며, 유대인들도 마찬가지였습니다. 무슬림들도 자신들만의 구역을 정해서 학교와 모스크, 목욕탕과 시장을 만들어 무슬림끼리 함께 살았습니다. 그러나 종교가 다르다고 해서 서로 싸우거나 다투는 일은 흔치 않았습니다.

이븐 바투타는 아나톨리아를 여행하면서 시노페 항구 근처의 기독교도들이 많이 사는 도시에서 처음으로 교회의 종소리를 들었습니다. 엄청나게

시노페
터키 북북, 흑해 연안에 위치한 도시이다. 시노프라고도 한다.

큰 소리에 너무 놀란 이븐 바투타는 동행한 사람들을 모아서 사원의 뾰족탑에 올라가 큰 소리로 쿠란을 낭독하며 알라께 기도를 올렸습니다. 그러자 그 도시의 이슬람 법관이 갑옷과 창으로 무장을 하고 나타났습니다. 무슨 사고라도 생긴 줄 알았던 것입니다. 이슬람 법관에게 그것이 교회의 종소리라는 것을 알게 된 사람들은 모두들 크게 웃었습니다.

'휴우, 내 평생 이런 소동은 또 처음이네. 아니 무슨 소리가 그렇게 크고 귀를 울리는지 하마터면 놀라서 기절할 뻔했네.'

이븐 바투타는 가슴을 쓸어내렸습니다. 그는 아나톨리아에 와서야 알라가 아닌 다른 신을 섬기는 종교가 있다는 것을 알게 되었습니다. 세상이 모두 알라의 땅이 아니라는 것도 새삼 깨닫게 되었지요.

[아나톨리아를 누비며 여행하다]

이븐 바투타는 아나톨리아가 세계에서 가장 훌륭한 곳 중 하나라고 생각했습니다.

'알라께서는 다른 나라에는 조금씩 흩어 놓으신 좋은 것들을 이 나라에는 다 모아 놓으신 모양이다.'

이븐 바투타는 아나톨리아 곳곳을 여행했습니다. 어디를 가든 사람들은 낯선 이방인을 친절하게 맞아 주었고 앞다퉈 필요한 것이 없는지 물어 왔습니다. 이븐 바투타는 아나톨리아에서 술탄이 다스리고 있는 여러 마을과 도시를 여행하면서 사람들에게 많은 선물을 받았습니다. 이곳 사람들에게 이븐 바투타는 매력적인 인물이었습니다. 이슬람 법관이며 학자로서 지식을 갖추었을 뿐만 아니라 많은 곳을 여행한 여행자로서 이야깃거리가 풍부했기 때문이지요. 특히 메카와 메디나를 비롯해서 그가 다닌 이슬람 성자의 무덤 등 성지에 대한 이야기들을 들려주면 그에게 반하지 않는 사람이 없었습니다.

카이세리라는 도시에서는 그곳 공주의 초대를 받아 말과 예복과 돈을 하사 받았습니다. 다른 지역의 술탄은 숙소를 마련해 주고 식사를 대접했으며 금화와 은화, 그리고 노예까지 선물로 주었습니다. 가는 곳마다 각 지역의 술탄들은 이븐 바투타 일행에게 호의와 환대를 베풀었습니다.

카이세리
터키에 있는 도시로 로마의 속주인 카파도키아의 수도였다. 4세기에는 동로마 제국의 중심지였다가 셀주크튀르크에게 점령되어 카이세리로 이름이 바뀌었다.

사람들의 친절함 때문에 웃지 못할 기막힌 사건도 일어났습니다. 이븐 바투타 일행이 어느 도시의 시장 앞을 지날 때였습니다. 갑자기 사람들이 우르르 몰려와 이븐 바투타 일행이 타고 있던 말의 고삐를 잡는 것이 아니겠습니까? 그러자 이번에는 다른 골목에서 또 다른 무리의 사람들이 나타나 서로 싸움을 했습니다. 두 무리의 사람들은 이븐 바투타 일행이 알아듣지도 못하는 말로 옥신각신 실랑이를 벌였습니다. 당황한 이븐 바투타 일행이 어찌해야 할 바를 모르고 있을 때 때마침 아랍어를 할 줄 아는 튀르크족이 그 앞을 지나갔습니다. 이븐 바투타는 튀르크족에게 도움을 요청했습니다.

"아니 도대체 왜들 이러는 건가?"

▶ 카이세리에 있는 카라반의 숙소인 술탄 하니

"저희가 손님을 모시려고 하는데 이 친구들이 갑자기 나타나서 방해를 하는 게 아닙니까?"

"아닙니다. 저희가 먼저 손님을 발견했는데, 이 친구들이 손님을 빼앗아 갈 겁니다."

어이없게도 서로가 이방인 손님을 모시겠다고 다툰 것이었습니다.

"아니, 나는 틀림없이 강도라고 생각했네."

3장 | 고대 실크로드를 따라 인도로 가다

이븐 바투타는 안도의 한숨을 내쉬었습니다. 결국 제비뽑기를 해서 누가 먼저 손님을 데려갈지 결정했습니다. 한 무리는 이븐 바투타 일행을 자위야로 데려가 진귀한 음식을 대접한 후 목욕탕으로 데려갔습니다. 또 다른 무리는 이븐 바투타 일행에게 푸짐한 음식과 편안한 잠자리를 제공한 것은 물론이고 목욕을 하고 나오자 장미 향수를 뿌려 주기도 했습니다. 극진한 대접을 받은 이븐 바투타는 큰 감명을 받았습니다. 아나톨리아 사람들은 이방인 여행객을 자신의 가족과 친척같이 따뜻하게 대해 주었습니다.

아나톨리아 여행은 무척 행복했지만 어려움과 시련도 있었습니다. 우선은 언어가 통하지 않았습니다. 이븐 바투타는 아랍어를 할 줄 알았지만 그리스어, 튀르크어, 페르시아어는 할 줄 몰랐습니다.

한번은 아랍어를 할 줄 아는 통역자에게 튀르크어 통역을 맡겼는데, 여행 경비를 훔치고 식량도 팔아먹은 사기꾼으로 밝혀지기도 했습니다.

또 한번은 밤새 눈이 엄청 내려서 아나톨리아 북부 산악 지대로 가는 길이 끊어지고 말았습니다. 그러자 안내인이 갑자기 돈을 더 내라고 요구했습니다. 어쩔 수 없이 돈을 더 지불했지만 안내인은 돈만 챙겨 도망을 가 버렸습니다. 혼자 길을 찾으러 나선 이븐 바투타는 가까스로 아랍어를 할 줄 아는 사람을 만나 일행을 구한 적도 있었습니다.

아나톨리아를 여행하면서 이븐 바투타 일행은 10여 명으로 늘어났습니다. 선물로 받은 노예와 함께 길을 떠났던 알 투자리, 그리고 몇 명의 사람들이 더 합류했습니다. 아나톨리아 여행을 시작한 지도 벌써 15개월이 지났습니다.

아나톨리아 여행은 이제 막바지에 이르고 있었습니다. 이븐 바투타 일행

크림 반도
우크라이나 남쪽 흑해와 아조프 해 사이에 위치한 반도.

은 마지막으로 흑해 남부의 시노페 항구에 도착했습니다. 이븐 바투타는 이곳에서 배를 타고 흑해를 건너 크림 반도를 거쳐 몽골의 칸이 다스리고 있는 킵차크 한국으로 발길을 옮기기로 했습니다.

순조로운 출발을 했던 배는 거센 폭풍우가 휘몰아쳐 사흘 만에 다시 시노페 항구로 되돌아오고 말았습니다. 두 번째로 나선 뱃길 역시 폭풍으로 제대로 가지 못해 항구로 다시 되돌아가야 할 즈음 겨우 육지에 도착할 수 있었습니다.

▶ **흑해**
유럽과 아시아 사이에 있는 바다로 우크라이나, 루마니아, 불가리아, 터키 등에 둘러싸여 있다. 보스포루스 해협, 마르마라 해, 다르다넬스 해협으로 지중해에 연결된다.

킵차크 한국과 수도 사라이

킵차크 한국(1243~1502)은 남러시아에 세워진 몽골 왕조입니다. 칭기즈칸의 큰아들인 주치의 차남, 바투가 서쪽으로 원정을 떠나는 몽골의 총사령관이 되어 러시아와 동유럽 각지를 정벌하고, 남러시아를 장악하면서 킵차크 한국의 기초를 세웠습니다. 수도 사라이가 있는 볼가 강 하류 지방은 유라시아의 초원 지역을 오고 가는 실크로드와 북방에서 생산되는 모피의 교역로가 교차되는 지점에 있으며, 오랫동안 튀르크족의 활동 무대였습니다.

몽골군이 원정을 왔을 당시는 같은 튀르크 계통의 킵차크족은 북쪽의 불가르, 서쪽의 슬라브와 동로마, 동남쪽의 이슬람권 사이의 중계 무역을 하며 번성하고 있었습니다. 이곳을 정벌하고 통치한 몽골의 지배자들은 빠르게 튀르크족에 동화되었고 이슬람교를 받아들였습니다. 몽골이 정벌하고 난 후에도 여전히 중계 무역지로서의 역할을 했으며 제4대 베르케 칸이 새로운 수도인 신(新)사라이를 건설했습니다. 신사라이는 구(舊)사라이와 함께 국제 시장으로 크게 번창했습니다. 제9대 칸인 우즈베크(재위 1313~1341) 때 최전성기를 맞이한 이후 14세기 말부터 몽골족인 티무르 군대에게 공격을 당해 국토는 카잔, 크림, 아스트라한의 3한국으로 분열되고 서로 대립하고 싸우는 가운데 킵차크 한국은 멸망했습니다.

▶ 몽골 제국과 4한국

[킵차크 한국을 여행하다]

이븐 바투타는 세계를 다스리는 위대한 왕이 일곱 명 있다고 생각했습니다. 물론 최고의 통치자는 자신의 조국인 모로코를 다스리는 술탄이었고 다음으로는 이집트와 시리아를 다스리는 술탄, 이라크와 이란을 다스리는 일 한국의 술탄, 중앙아시아의 술탄, 인도의 술탄과 중국의 왕, 킵차크 한국의 술탄이 그들이라고 생각했습니다. 이븐 바투타는 알라가 창조한 가장 아름다운 용모를 가졌다고 생각했던 일 한국의 술탄인 아부 사이드를 바그다드에서 만났었습니다. 이븐 바투타가 위대한 왕 중 한 명인 킵차크 한국의 술탄을 만나보고 싶은 건 당연했습니다.

그는 볼가 강 하류에 있는 킵차크 한국의 수도인 신사라이로 곧장 달려가고 싶었습니다. 그러나 술탄은 신사라이에 있지 않았습니다. 그는 여행 중이었습니다. 이븐 바투타는 술탄이 머물고 있는 숙영지로 가기로 했습니다.

이븐 바투타는 그곳으로 가기 위해 알아잘라라고 부르는 마차를 샀습니다. 알아잘라는 커다란 바퀴가 네 개 달려 있고, 두 마리 이상의 말이나 황소 또는 낙타가 끄는 마차였습니다. 넓은 평원과 스텝 지역에 사는 사람들에게는 없어서는 안 될 중요한 운송 수단이었습니다. 알아잘라에서는 이동하면서 먹고 잘 수도 있었습

숙영지
군대가 본래 있던 병영을 떠나서 다른 곳에서 머무를 때 묵는 장소.

알아잘라
나뭇가지를 엮고 가죽 끈으로 고정시켜 만든 천장 위에 펠트나 담요로 덮은 마차. 오늘날 캠핑카 같은 기능을 가졌다.

스텝
러시아와 아시아의 중위도 지방에 펼쳐진 온대 초원 지대이다. 건조 계절에는 불모지로, 강우 계절에는 푸른 들판으로 변한다.

니다.

크고 작은 세 대의 마차에 짐과 식량, 그리고 사람들이 나누어 탔습니다. 새벽 기도와 함께 출발하고, 오전에 잠깐 쉬었다가 정오 기도를 한 후 다시 출발해 저녁때까지 이동했습니다. 그러기를 며칠을 했는지 드디어 칸이 머무는 곳에 도착했습니다. 이븐 바투타 일행은 놀라운 광경에 입을 다물지 못하고 그저 멍하니 바라보기만 했습니다.

술탄의 행차는 마치 움직이는 거대한 도시 같았습니다. 모스크와 바자르를 포함한 도시 전체가 이동하고 있었습니다. 모든 것이 수백 대의 마차로 이루어져 있었고, 수천 마리의 말이 이끌고 있었습니다.

▶ 볼가 강
러시아 모스크바 북서쪽에서 카스피 해까지 이어지는 강. 이 강을 중심으로 러시아의 역사가 이어져 왔다. 길이가 3,530킬로미터로 유럽에서 가장 긴 강이다.

술탄은 자신을 찾아온 이븐 바투타를 기쁘게 맞아 주었습니다.

"어서 오게나, 이렇게 멀리까지 찾아와 주다니……."

"환영해 주셔서 감사합니다. 술탄에게 알라의 영광을!"

술탄은 자신의 이동식 숙소 하나를 이븐 바투타에게 기꺼이 내주었습니다. 술탄은 또한 이븐 바투타가 자신의 임신한 아내인 비잔티움의 공주와 콘스탄티노플까지 동행할 수 있도록 허락해 주었습니다. 콘스탄티노플로 가면 인도와는 더 멀어집니다. 하지만 무슬림이 기독교 도시를 여행할 기회는 흔치 않았기 때문에 여행을 포기할 수는 없었습니다. 술탄은 이븐 바투타에게 여러 필의 말과 예복, 족제비와 담비의 모피, 금화를 내려 주었습니다. 왕비들도 앞다퉈 이븐 바투타에게 은을 보내왔습니다.

술탄의 행렬은 4백 대가량의 마차를 2천 마리의 말이 이끌고, 3백 마리의 황소와 2백 마리의 낙타가 짐을 운반하고, 5천 명의 병력이 함께 움직였습니다. 왕비의 호위대만 5백 명에 이를 정도로 대규모였습니다. 콘스탄티노플까지는 10주 정도가 걸렸습니다.

콘스탄티노플에 도착한 이븐 바투타는 5주 동안 머무르면서 비잔티움 제국의 황제에게 기독교의 성지인 베들레헴과 예루살렘에 대해 들려주었습니다. 이븐 바투타는 자신의 아내를 콘스탄티노플에 남겨 두고 신사라이로 가기 위해 길을 떠났습니다.

신사라이로 갈 때는 모든 것이 얼어붙고 매서운 바람이 부는 한겨울이었습니다. 얼마나 추웠던지 이븐 바투타는 모피 코트를 세 벌, 바지를 두 벌 껴입고 그 위에 누비옷을 하나 덧입고, 모직 양말 세 켤레에 다시 누빈 면을 덧신었

▶ 오늘날의 터키 이스탄불
이스탄불은 콘스탄티노플의 현재 이름이다.

습니다. 그것도 모자라 곰 가죽으로 안을 댄 말가죽 부츠까지 신었습니다. 이븐 바투타는 너무 많이 껴입은 탓에 몸이 둔해져 말을 탈 때도 혼자서는 탈 수 없었습니다. 불 가까이에서 뜨거운 물로 세수를 하는데도 물방울이 떨어지자마자 얼어붙었습니다. 세수를 하고 나면 수염에서 얼음이 뚝뚝 떨어질 정도였으니까요.

고생 끝에 이븐 바투타는 한창 발전해 가는 교역 도시인 신사라이에 도착했습니다. 이곳에는 무슬림뿐만 아니라 기독교도들도 많이 살고 있었습니다. 술탄을 만나 인사를 드린 이븐 바투타는 인도로 향하는 발걸음을 재촉했습니다.

비잔티움 제국과 콘스탄티노플

번영을 누리던 로마 제국은 2세기말부터 쇠퇴하기 시작했습니다. 4세기 콘스탄티누스 대제는 기독교를 인정하고 수도를 콘스탄티노플로 옮기면서 로마 제국을 부흥시키려 했지만 결국 로마 제국은 동과 서로 분열되고 말지요.

비잔티움 제국은 바로 분열된 로마의 한쪽, 동로마 제국을 가리킵니다. 수도는 콘스탄티누스 대제의 이름 딴 콘스탄티노플(지금의 터키 이스탄불)이었습니다. 콘스탄티노플은 본래 비잔티온이라고 불린 그리스의 식민 도시였습니다. 그 이름을 따서 비잔티움 제국이라고 부릅니다. 서로마 제국이 476년 멸망한 것과 달리 동로마 제국은 306년 경부터 1453년까지 천 년 넘게 지속되었습니다. 6세기 유스티니아누스 황제 때는 서로마 제국, 발칸 반도, 아나톨리아, 북아프리카에 이르는 영토를 가진 대제국을 이루기도 했습니다. 그러나 7세기부터 시작된 이슬람 제국의 침입으로 많은 영토를 빼앗겼으며 결국 8세기에는 그리스가 있는 발칸 반도 남단과 소아시아의 일부로 영토가 축소되었습니다. 바실레우스 2세 황제 때는 그리스 문화와 그리스인에 바탕을 두며, 그리스 정교를 국교로 삼는 비잔티움 제국만의 독특한 문화를 발전시켰습니다. 번성하던 비잔티움 제국은 점차 쇠퇴하기 시작했습니다. 1071년에는 제국의 심장부인 소아시아 대부분을 셀주크튀르크에게 빼앗깁니다. 1204년 제4차 십자군이 수도를 점령해 라틴 제국을 세우는 사건이 발생하기도 했습니다. 결국 15세기에 오스만튀르크의 침공으로 비잔티움 제국은 멸망합니다.

비잔티움 제국의 수도 콘스탄티노플은 약 천 년간 비잔티움 문화의 꽃을 피운 중심지였습니다. 아시아와 유럽 대륙을 갈라놓는 보스포루스 해협 입구에 있었기 때문에 두 대륙을 잇는 역할을 했습니다. 콘스탄티노플은 세계 각지의 상인이 모여드는 화려한 도시로 발전했으며, 한때 인구가 50만 명에 이르기도 했습니다. 오스만 제국이 비잔티움 제국을 멸망시킨 후 수도로 정하면서 이스탄불이라는 새로운 이름을 갖게 되었고, 이스탄불은 기독교 문명과 이슬람 문명이 공존하는 이색적인 도시로 발전했습니다. 기독교의 성 소피아 대성당과 이슬람교의 술탄 아흐메드 모스크(일명 블루 모스크)는 이스탄불의 특징을 상징적으로 보여 주는 건축물입니다.

▶ **술탄 아흐메드 모스크**
사원의 내부가 파란색과 녹색의 타일로 장식되어 있어 블루 모스크라고도 한다. 오스만 제국 제14대 술탄 아흐메드 1세가 1609년 짓기 시작해 1616년에 완공했다. 여섯 개의 뾰족탑은 술탄의 권력을 상징한다.

[실크로드의 옛 도시들을 지나 인도로 가다]

이븐 바투타 일행은 볼가 강을 따라 남동쪽으로 길을 나섰습니다. 그리고 거대한 카스피 해 북쪽 해안을 따라 아무다리야 강과 시르다리야 강 사이 비옥한 곳에 자리 잡은 호라즘에 도착했습니다. 호라즘은 실크로드 교역로에서 아주 중요한 역할을 했던 곳이어서 침입이 끊이지 않았고 칭기즈칸의 공격을 받은 후에는 몽골의 지배를 받고 있었습니다.

이븐 바투타 일행은 호라즘을 비롯해서 중앙아시아의 여러 도시를 거쳐 인도로 가야 했습니다. 황량한 사막과 높은 산맥을 넘어야 하는 힘든 여정이었습니다.

이븐 바투타 일행은 다시 시작될 멀고도 험한 여행을 준비했습니다. 우선은 말을 팔고 낙타를 샀습니다. 사막에서는 말의 먹이를 구하는 것이 어렵기 때문에 낙타를 타고 가기로 한 것입니다.

40여 일 동안의 사막 여행은 몹시 고되고 힘들었습니다. 맛있는 음식을 내려 줄 술탄이나 편안한 잠자리를 제공해 줄 자위야도 없었습니다. 일행은 하루에 두 번, 식사를 할 때를 제외하고는 쉬지 않고 길을 갔습니다.

카스피 해
러시아 남부에서 이란 북부에 걸쳐 있는 세계에서 가장 큰 호수.

아무다리야 강
중앙아시아에서 가장 긴 강. 페르시아어로 '아무'는 광기, '다리야'는 강을 뜻한다. 홍수 피해와 범람으로 강 흐름의 변경이 심한 것에서 이름의 유래를 찾을 수 있다.

시르다리야 강
중앙아시아의 텐산 산맥 서쪽에서 시작되어 아랄 해로 흘러 들어가는 강.

칭기즈칸
몽골 민족을 통일해, 몽골 역사상 가장 넓은 영토를 차지한 몽골 제국의 기초를 닦았다.

▶ 사만 영묘
892년~907년에 만들어진 이 무덤은 10세기 이슬람 건축의 걸작으로 꼽힌다. 9세기 말 부하라를 점령하고 수도로 정한 사만 왕조의 지배자 이스마일 사마니(?~907)가 선친을 위해 지은 사원이었으나 자신과 아들까지 묻힌 가족 무덤이 되었다. 기하학적 형태로 창의적으로 쌓은 벽돌 장식이 특징적이다.

일행은 끝없이 펼쳐진 붉은 색깔의 키질쿰 사막을 건너 부하라에 도착했습니다. 서역과 중국을 이어 주던 실크로드의 중심 도시 부하라는 여전히 활기찼습니다. 사원의 도시답게 곳곳에 뾰족탑과 모스크가 세워져 있었습니다. 이븐 바투타는 피로도 잊은 채 부하라의 높이 솟은 미너렛을 바라보며 여행이 아무 탈 없이 편안하기를 기원하는 기도를 알라께 올렸습니다.

부하라
현재 우즈베키스탄의 도시로 실크로드의 중요한 교역 도시로 번성했었다.

▶ 우즈베키스탄 히바에 있는 미너렛
미너렛은 하루 다섯 번 기도 시간을 알려 주는 탑이다.

호라즘 지역과 호라즘 왕국

호라즘은 아랄 해의 남쪽과 아무다리야 강의 하류 지역을 가리킵니다. 지금은 대부분 우즈베키스탄에 속해 있고, 일부는 투르크멘 공화국에 속해 있습니다. 호라즘은 기원전 6세기 페르시아에게 정복당했다는 기록이 있습니다. 또한 알렉산드로스 대왕의 원정 중에 정복당했지만 오래도록 어디에도 속하지 않고 독립을 유지하고 있었습니다. 중국에서 서방으로 가는 서역 실크로드의 중심 도시인 사마르칸트와 부하라 등이 이 지역에 위치하고 있습니다.

헬레니즘과 인도 문화의 영향을 받아 독자적인 문화를 발달시켰습니다. 8세기에 이슬람군에게 정복되었고 1077년에는 셀주크 왕조의 지배를 받으면서 이슬람화 되었습니다. 지금의 우즈베키스탄의 히바를 수도로 해서 호라즘 왕국(1077~1231)을 건설했습니다. 호라즘 왕국의 세력은 중앙아시아 전역에 미쳤으나 몽골의 칭기즈칸에 의해 멸망했습니다. 이후에는 킵차크 한국, 티무르 제국, 히바 한국의 지배를 받았습니다. 1873년 러시아군에게 점령된 후 소비에트 연방에 가입했다가 1991년 우즈베키스탄과 투르크메니스탄 양국으로 독립했습니다.

이제 인도가 멀지 않았습니다. 다음 목적지인 사마르칸트를 향해 이븐 바투타 일행은 발걸음을 재촉했습니다.

일행은 사마르칸트로 가는 도중 그곳 술탄의 숙영지에 두 달 정도 머물렀습니다. 빨리 인도로 가고 싶었지만 술탄을 만난 것은 매우 영광스러운 일이었기 때문에 그냥 지나칠 수가 없었습니다. 이븐 바투타는 지금까지의 여행에서 세계를 통치하는 위대한 통치자 일곱 명 중 세 명이나 만날 수 있었습니다.

사마르칸트
중앙아시아 우즈베키스탄의 고대 역사 도시이다. 실크로드의 길목에 위치해 있어서 동서양 문화 교류의 중심이 되었다.

발흐
아프가니스탄 북부의 오래된 도시로, 알렉산드로스 대왕의 원정 이후 그리스의 식민도시국가인 박트리아가 세워진 곳이다. 당나라 승려인 삼장 법사 현장이 다녀갈 당시에는 불교가 융성했으나 이후 이슬람 세계가 되었고 칭기즈 칸의 군대에 의해 폐허가 되었다.

실크로드의 교역 도시로 번성했던 사마르칸트에 도착한 이븐 바투타는 마음이 급해졌습니다. 더 이상 지체할 수 없었습니다. 이븐 바투타는 남쪽으로 쉬지 않고 내려가기로 했습니다.

인도 땅에 이르기까지는 엄청난 장벽이 하나 남아 있었습니다. 바로 힌두쿠시 산맥입니다. 일행은 사마르칸트를 출발해서 발흐를 지나 힌두쿠시 산맥 앞에 도착했습니다. 힌두쿠시는 거대한 벽처럼 앞에 떡하니 버티고 서 있었습니다. 게다가 살을 에는 듯한 추위에 도저히 산을 넘을 엄두가 나지 않았습니다.

이븐 바투타 일행은 힌두쿠시를 앞에 두고 일부러 추운 겨울이 지나기를 기다렸습니다. 일행은 봄이 오자 날씨가 좋은 날을 택해서 동이 트기도 전에 출발했습니다. 땅거미가 내릴 즈음 높고 험한 지점을 가까스로 넘었습니다. 그리고 마침내 먼 길을 돌고 돌아 멀리 인도 땅이 보이는 곳에 도착하게 되었습니다.

이븐 바투타의 머릿속에는 터키의 아나톨리아에서 지중해를 건너 콘스탄티노플로 갔다가 다시 흑해를 건너고 러시아의 평원을 가로질렀던 여정이 스쳐 지나갔습니다. 그리고 카스피 해와 아랄 해를 지나고, 사막에 있는 고대 실크로드의 도시들을 거쳐서 드디어 아프가니스탄의 험한 산맥을 넘은 것입니다.

▶ 힌두쿠시 산맥
중앙아시아에 있는 약 1천6백 킬로미터에 달하는 산맥. 예로부터 서아시아에서 인도에 이르는 중요한 길이었다.

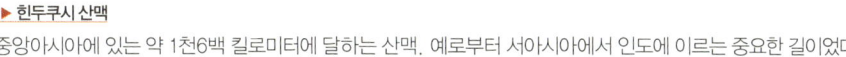

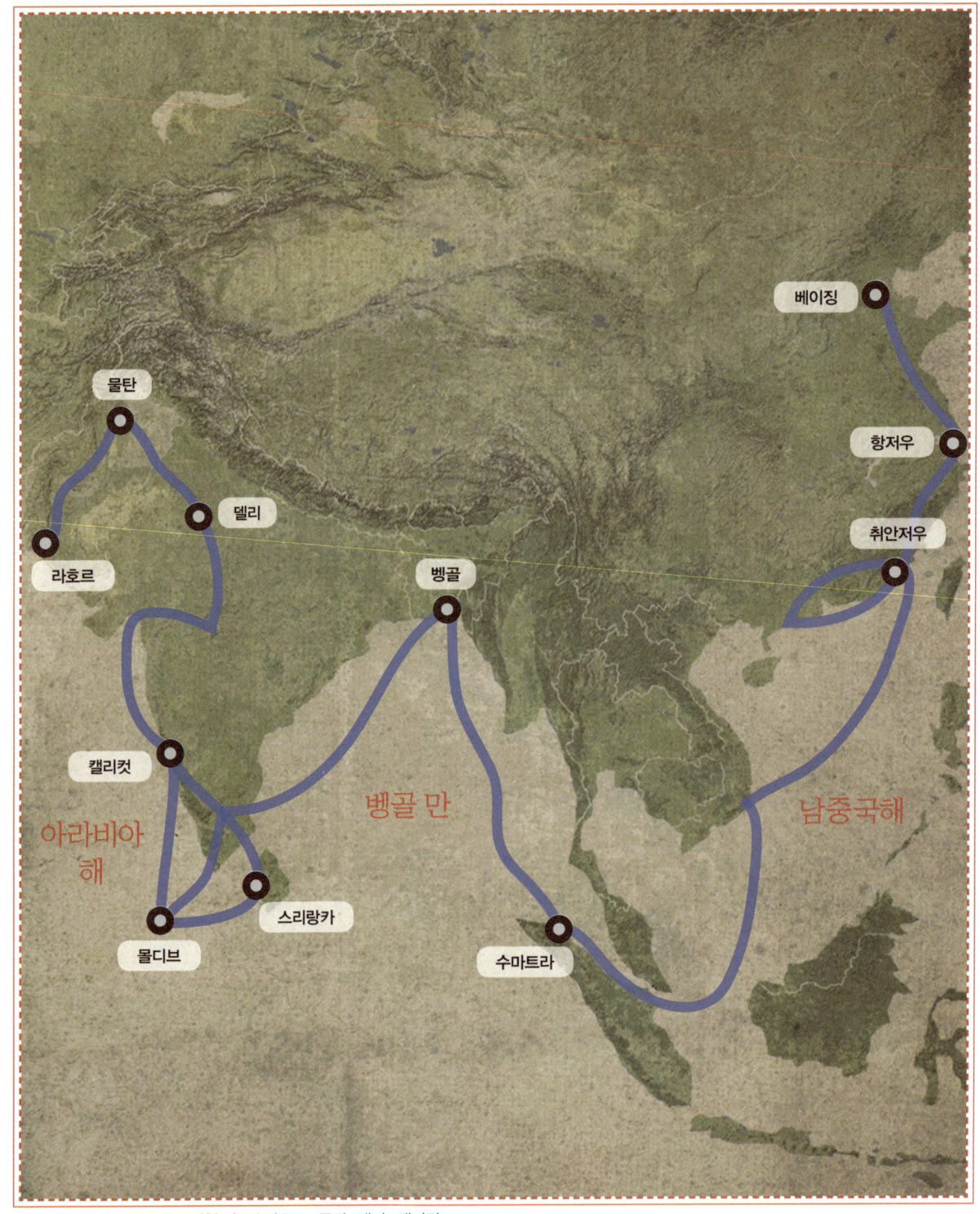

▶ **이븐 바투타의 실크로드 여행 경로** | 라호르-물탄-델리-캘리컷-몰디브-스리랑카-캘리컷-벵골-수마트라-취안저우-항저우-베이징

4장 바다 실크로드를 따라 중국으로 가다

이븐 바투타는 인도를 가기 위해 험난한 여행길에 올랐습니다. 하지만 인도는 꼭 가 보고 싶었던 곳이기에 포기하지 않았습니다. 이븐 바투타는 거대한 힌두쿠시 산맥을 넘어 드디어 예언자가 말했던 대로 인도에 도착했습니다. 이븐 바투타는 델리에서 이슬람 법관인 카디로 임명되어 10여 년간이나 머물렀습니다. 그는 델리 술탄의 사절이 되어 중국까지 가게 되었습니다. 그는 또 어떤 곳을 여행하게 될까요?

[인도에서 10년간 머무르다]

이븐 바투타 일행은 1333년 9월 인도 국경에 도착했습니다. 다섯 개의 강이 합쳐져 유유히 흐르는 인더스 강가에 초승달이 비추는 아름다운 가을밤이었습니다.

"탕헤르에서 오신 이븐 바투타 선생님이십니까?"

"아니, 어떻게 저희를……?"

그곳에는 델리의 술탄인 무함마드 이븐 투글루크가 보낸 부하들이 이븐 바투타 일행을 마중 나와 있었습니다. 이들은 이븐 바투타 일행을 보자마자 단번에 알아보았습니다. 이븐 바투타 일행이 몇 명인지, 어떻게 생겼는지에 대해서 자세하게 적힌 문서를 가지고 있었던 것입니다. 그는 참으로 놀랍고 행복했습니다. 그리고 델리국의 술탄이 자신을 보호해 주고 있다는 생각에 안심이 되었습니다. 이븐 바투타는 알라께 기도를 올렸습니다. 이 모든 것이 알라의 보살핌이 아니고 무엇이겠습니까!

무함마드 이븐 투글루크
인도 중앙부 데칸 지방을 중심으로 해서 있었던 이슬람 왕조의 하나인 델리의 투글루크 왕조(1320~1413)의 제2대 왕이다.

물탄
인더스 강의 지류인 체나브 강 바로 동쪽 언덕에 위치한 도시. 지금은 파키스탄 펀자브 지방에 속해 있다.

이븐 바투타는 열다섯 척으로 이루어진 선단과 함께 인더스 강변의 작은 도시에 머물렀다가 물탄으로 갔습니다.

이븐 바투타가 타고 가는 배의 양쪽에는 악사와 악대가 탄 네 척의 배가 함께 갔습니다. 이들은 배에서 음악을 연주하고, 노래를 부르고 춤을 추었습니다. 환영의 행사였습니다.

▶ 인더스 강

파키스탄 중앙을 관통하는 강으로 상류인 인더스 계곡에서 인더스 문명이 발생했다. 인도의 명칭도 인더스 강에서 유래한 것이다. 티베트에서 발원해서 히말라야와 카슈미르를 거쳐 파키스탄에 이르러서는 남쪽으로 흘러 아라비아 해로 흘러들어 간다. 갠지스 강과 더불어 인도에서 가장 주요한 강이다.

이븐 바투타는 신드 주의 주도인 물탄에서 이븐 바투타를 받아들인다는 델리 술탄의 편지를 받았습니다. 물탄에서 술탄이 있는 델리까지는 걸어서 40일이 걸렸습니다.

신드 주

파키스탄의 네 개 주 가운데 하나로 인더스 강 하류에 위치하고 있으며 남으로는 아라비아 해와 접해 있어서 일찍이 문화와 상업이 발달했다. 이 지역에 파키스탄 최대의 도시인 카라치가 있다.

▶ **마스지드-이-자한 누마 모스크**
인도 델리에 있는 인도에서 가장 큰 이슬람 사원이다. '전 세계에 주목을 명하는 모스크'라는 뜻으로 '자마 마스지드'라는 약칭으로 더 알려져 있다. 예배 시간에는 이슬람교 신자만이 출입할 수 있다.

델리

인도의 북부에 있는 상업 도시로 갠지스 강의 지류인 야무나 강 서안에 위치해 있습니다. 이곳은 델리 왕조(1206~1526) 시대부터 정치·군사의 중심지가 되었습니다. 델리 왕조는 1526년 무굴 제국에게 멸망할 때까지 300여 년간 지속된 인도의 다섯 이슬람 왕조를 말합니다. 델리 술탄 정권 시대라고도 합니다. 이슬람 시대의 건축 유적들이 많이 남아 있습니다.

▶ 코뿔소
이븐 바투타는 인도 여행에서 코뿔소를 처음 보았다.

　　델리로 가는 도중 일행은 힌두교도의 공격을 받았습니다. 이븐 바투타는 화살에 맞아 가벼운 부상을 당했습니다. 갈대숲을 지날 때는 코뿔소 같은 낯선 동물이 일행을 공격해 오기도 했습니다. 인도는 아직 알라의 손길이 미치지 않은 지역이 많았습니다. 지배 계급은 이슬람교도였지만, 힌두교도가 압도적으로 많았습니다.

　　마침내 델리에 도착한 이븐 바투타는 도시의 어마어마한 규모에 입이 쩍 벌어졌습니다.

　　'우와, 이 도시는 인도에서, 아니 동쪽 이슬람 세계에서 가장 큰 도시일 거야. 거대하고 웅장하며, 아름다움과 힘을 동시에 가진 이런 곳이 또 있을까?'

　　이슬람 세력이 인도를 지배하면서 힌두교 사원이었던 곳은 이슬람교 사원으로 바뀌어 있었습니다. 붉은 돌로 지어진 높이가 70미터나 되는 뾰족탑도 있었습니다. 이븐 바투타는 델리에 있는 이슬람 성지들을 방문해 무사히 인도에 오게 된 것과 인도에서 무슬림으로서의 의무를 다할 수 있도록 도와 달라는 기도를 알라께 올렸습니다.

　　이븐 바투타는 델리의 술탄을 만났습니다. 술탄은 이븐 바투타를 반기며 편히 쉴 수 있는 집과 일행 모두가 먹을 수 있는 풍족한 음식을 주었습니다. 또한 이븐 바투타를 델리의 이슬람 법관인 카디로 임명했습니다. 이븐 바투타는 법관 일을 하며 인도에서 10여 년간이나 머물렀습니다.

4장 | 바다 실크로드를 따라 중국으로 가다

[술탄의 사절이 되어 중국을 가다]

편안했던 이븐 바투타의 인도 생활은 예상치 못한 사건으로 끝나게 되었습니다. 번번이 술탄을 비난했던 한 샤이흐를 술탄이 처형시킨 일이 있었는데, 문제는 이븐 바투타가 이 샤이흐를 찾아간 사실을 술탄이 알게 된 것입니다. 그 후 술탄은 이븐 바투타도 의심하기 시작했습니다. 이븐 바투타는 자신도 처형당할지도 모른다는 불안감에 휩싸였습니다.

이븐 바투타는 스스로 카디 자리를 내놓고 다섯 달 동안 이슬람 수도사들과 함께 신앙생활을 했습니다. 술탄은 이 이야기를 전해 듣고는 이븐 바투타가 다시 카디로 일할 수 있도록 해 주었습니다. 그러나 이븐 바투타는 카디로 일하는 대신 메카로 순례 여행을 갈 수 있게 해 달라고 술탄에게 부탁했습니다. 그리고 간절한 마음으로 그는 40일간 금식 기도를 했습니다.

이 소식을 들은 술탄은 이븐 바투타를 다시 불렀습니다.

"그래, 알라께 열심히 기도를 올리고 있다고 들었다."

"네, 술탄, 부디 다시 깨끗한 영혼으로 태어날 수 있도록 메카 순례를 허락해 주십시오. 알라의 이름으로!"

"이번에는 나의 사절이 되어 중국을 다녀오는 게 어떻겠나?"

술탄은 말과 노예, 그리고 옷과 돈을 선물로 내리면서 순례 여행 대신 중국의 왕에게 가는 사절이 되어 줄 것을 제안했습니다. 이븐 바투타가 여행을 좋아한다는 점을 이용한 것이지요. 이븐 바투타의 임무는 중국 왕에게 보내는 선물을 가져다주고 답례품을 받아 돌아오는 것이었습니다.

메카로 순례 여행을 떠나지 못하는 것은 아쉬웠지만 새로운 세계인 중국을 여행할 수 있는 기회였습니다. 이븐 바투타는 술탄의 제안을 수락했습니다.

사절단의 규모는 엄청났습니다. 1천5백 필이나 되는 옷감, 금과 은으로 만든 그릇과 순혈종의 말 백 마리, 백 명의 남자 노예, 백 명의 힌두 소녀, 사절단을 호송할 천여 명의 병사들, 중국에서 온 사절단까지 함께 가는 사절단이었습니다.

1342년 델리를 떠난 사절단은 힌두교도와의 싸움에 휘말렸습니다. 다행히 이 싸움에서 사절단은 승리를 거두었습니다. 그러나 잠시 힌두교도들을 순찰하려고 머문 마을에서 혼자 산책에 나선 이븐 바투타가 힌두교도에게 붙잡히는 일이 벌어졌습니다. 목숨이 위태로운 상황이었지만 이븐 바투타는 알라게 간절히 기도했습니다.

알라께서 기도를 들어주신 걸까요? 이븐 바투타는 사교적인 성격을 이용해서 힌두교도들을 가까스로 설득할 수 있었습니다. 그런데 힌두교도에게서 풀려난 이븐 바투타는 이번에는

> **말라바르**
> 인도 남서부 아라비아 해에 접해 있는 해안이다. 예로부터 향신료를 실어 보내는 항구로 유명했으며 타이타늄 원석의 세계적인 산지이다.

그만 길을 잃고 말았습니다. 일주일이 넘도록 산과 들을 헤매다 가까스로 무슬림이 다스리고 있는 마을을 발견했습니다. 그들의 도움으로 이븐 바투타는 중국 사절단 일행을 찾을 수 있었습니다.

온갖 고생을 한 이븐 바투타는 다시 길을 나서기가 두려웠지만 마음을 다잡았습니다. 사절단은 말라바르 연안을 따라 항해를 시작했습니다. 사절단은 별문제 없이 캘리컷 항구에 도착했습니다.

▶ **1572년 캘리컷 항구를 그린 그림**
캘리컷은 현재 인도의 코지코드이다. 인도양 교역의 중심지로, 인도와 아랍 세계를 연결하는 중요한 바다 실크로드의 주요 항구 도시였다.

캘리컷 항구에는 13척이나 되는 중국 배가 정박해 있었습니다. 캘리컷 항구는 중국, 인도, 아랍 세계를 연결해 주는 항구답게 여러 곳에서 온 사람들과 물품들로 넘쳐 났습니다. 그러나 이븐 바투타에게는 이런 것들이 눈에 들어오지 않았습니다. 이븐 바투타는 오로지 중국으로 가는 배를 탈 생각뿐이었습니다. 술탄의 사절로서의 임무를 다하는 것이 중요했으니까요.

이븐 바투타는 중국으로 가는 가장 큰 배인 정크선을 타기로 했습니다. 그러나 정크선에는 충분한 방이 남아 있지 않았습니다. 중국 상인들이 이미 선실을 모두 예약해 두었기 때문입니다. 이븐 바투타는 하는 수 없이 정크선에 자신이 쓸 방 몇 개를 마련하고, 중국 황제에게 보낼 선물만 실었습니다. 나머지 사람들은 정크선보다 작은 배인 카캄에 탔습니다.

그런데 이게 웬일입니까? 항해를 시작하기 전날 이븐 바투타가 금요기도회에 참석하기 위해서 육지에 내려와 있는 동안 갑자기 엄청난 폭풍우가 몰아쳤습니다. 항구에 정박해 있던 정크선은 산산조각이 나고 배에 타고 있던 사람들은 모두 죽고 말았습니다. 게다가 폭풍우를 피해 무사했던 작은 배는 바다가 고요해진 틈을 타서 바로 항구를 떠나 버렸습니다. 이븐 바투타를 해안가에 버려둔 채 말입니다.

이븐 바투타는 망연자실했습니다. 그는 사절단의 임무를 더 이상 수행할 수 없게 되었습니다.

중국의 배, 정크선

『이븐 바투타의 여행기』는 당시 중국 배에 대해서 자세히 설명하고 있습니다. 크기가 가장 큰 배는 정크선으로 돛이 세 개에서 열두 개까지 달려 있으며, 큰 정크선에는 천 명이 탈 수 있다고 적혀 있습니다. 또한 중간 크기의 배를 자우라고 하며, 가장 작은 배를 카캄이라고 부른다고 합니다. 이들 중국 배는 취안저우나 광저우 등지에서 제조된 것이며, 배의 구조와 만드는 방법까지 세세하게 설명하고 있습니다.

▶ 정크선을 재현한 사진

그런데 왜 하필이면 범선(돛단배)을 쓰레기를 뜻하는 영어인 정크(junk)라고 불렀을까요? 그 이유는 당시 범선을 한자로 진극(眞克)이라고 썼고, 중국어 발음으로는 젠커였다고 합니다. 젠커라는 발음을 외국인이 들었을 때 정크로 오인했을 수 있었겠지요.

중국의 정크선은 기원전 2세기 한나라(기원전 206~기원후 220) 때부터 만들기 시작했습니다. 이후 여러 왕조를 거쳐서 만들어졌고 대양의 항해에 사용되어 왔습니다. 오늘날에도 사용되고 있습니다. 특히 이븐 바투타가 여행한 시기의 정크선은 아시아와 아프리카, 아라비아의 연안을 항해하면서 기린, 낙타, 사자, 타조, 수은, 상아, 보석류, 마늘, 육두구 열매, 도자기 등을 중국으로 운송하는 역할을 했습니다. 송나라(960~1279) 때의 범선을 만드는 기술은 세계 최고 수준이었다고 합니다.

[바다 실크로드 나라들을 여행하다]

중국 사절단으로 함께 출발했던 일행들은 모두 뿔뿔이 흩어지고 홀로 남은 이븐 바투타는 절망에 빠졌습니다. 중국은 그가 정말 가 보고 싶었던 매력적인 여행지였습니다. 이대로 포기할 수 없다고 생각한 이븐 바투타는 중국 여행을 서두르지 않고 무슬림들이 거주하고 있는 몰디브로 떠나기로 했습니다. 그에게는 여행만이 위안이 될 뿐이었습니다.

몰디브는 크고 작은 천여 개의 산호초로 이루어져 있는 아름다운 섬나라였습니다. 작은 섬들은 뭉쳐서 둥근 고리 모양을 하고 있어 마치 관문을 통과하는 것 같았습니다. 다른 섬으로 가기 위해서는 반드시 안내해 주는 사람이 필요했습니다. 안내자 없이 갔다가는 섬들 사이에서 길을 잃어 인도 연안이나 실론 섬으로 가 버리기 일쑤였습니다. 이븐 바투타는 몰디브에서 이슬람 법관으로 일하면서 꽤 오랫동안 머물렀습니다. 그러다 몰디브의 정치가 혼란스러워지면서 그는 섬을 떠나게 되었습니다.

이븐 바투타는 몰디브를 떠나 인도 남동쪽 해안을 향해 항해를 했지만 바닷길을 안내해 주는 사람의 실수로 그만 실론 섬에 도착하고 말았습니다. 실론은 바다 실크로드의 동과 서를 잇는 중요한 섬 중 하나였습니다. 또한 불교 성지로 유명한 곳이었지만 이슬람교도에게도 의미 있는 곳이었습니다. 그곳에 이슬람교의 성지인 산이 있었기 때문입니다.

몰디브
현재 스리랑카 서남쪽에 있는 공화국. 약 1천2백 개의 산호섬으로 이루어져 있다. 주민은 220개 섬에만 사는데, 이슬람교를 믿는다.

실론 섬
지금의 스리랑카를 부르는 옛 이름. 인도의 남동해안에 위치해 있다.

▶ 아담스 피크(Adam's Peak) 산
스리랑카 중부 고원지대에 위치한 아담스 피크 산은 스리랑카어로 '빛나는 산'이라는 뜻의 스리 파다(Sri Pada)라고도 부른다. 불교, 이슬람, 힌두교, 기독교에서 모두 성지로 여긴다. 이 산 꼭대기에는 큰 바위가 있는데, 그 바위에는 사람 발자국 모양이 찍혀 있다. 네 개의 종교는 각각 자기 선조의 발자국이라고 여기며 해마다 많은 순례자가 찾아온다.

    무슬림들은 이슬람교에서도 조상으로 삼고 있는 아담이 낙원에서 추방되어 첫발을 내디딘 발자국이 그 산에 그대로 남아 있다고 믿고 있었습니다. 이븐 바투타는 산 정상에 올라가 기도를 올렸습니다.

    이븐 바투타는 사신의 임무를 마치지 못해 마음이 편치 않았지만 인도로 돌아가기로 했습니다. 그러나 이번에는 폭풍이 몰아쳐 배가 암초에 부딪히고 말았습니다. 배의 파편으로 뗏목을 만들어 겨우 목숨을 건진 이븐 바투타는 심한 열병에 걸렸습니다. 죽음의 고비를 몇 번이나 넘긴 이븐 바투타는 예멘의 한 도시로 가서 몸이 회복될 때까지 3개월간을 머물렀습니다.

몸이 회복되자 이븐 바투타는 다시 캘리컷으로 돌아왔습니다. 그런데 이븐 바투타의 몰골이 말이 아니었습니다. 캘리컷으로 돌아가기 위해 항해하던 중 해적의 공격을 받아 모든 것을 잃은 것입니다. 심지어 입고 있던 옷마저 해적들에게 빼앗기고 해적이 남겨 준 바지 하나만 달랑 입고 캘리컷 항구에 도착했습니다.

여행을 하는 동안 죽을 고비를 몇 번이나 넘겼고, 힘든 일도 잘 이겨냈었지만 이번에는 좀 달랐습니다. 큰 상처를 받은 탓인지 다른 세계로의 여행에 대한 열망도 시들해졌습니다.

벵골
오늘날에는 인도의 서벵골 주와 방글라데시 인민공화국으로 나뉘어져 있다. 중심 도시는 콜카타이다.

수마트라
현재 인도네시아에서 두 번째로 큰 섬으로, 산악 지대를 제외한 지역은 덥고 습도가 아주 높다.

자바 섬
현재 인도네시아의 중심을 이루는 섬.

시간이 지나자 기운을 회복한 이븐 바투타는 다시 항해에 나섰습니다. 그에게 여행은 숙명과도 같은 것이었습니다. 그는 43일이라는 긴 항해를 한 후에 인도의 동북부에 위치한 벵골에 도착했습니다. 이곳에서 유명한 샤이흐를 만난 이븐 바투타는 무슬림으로서의 의무를 새롭게 다지고 다시 힘을 얻었습니다. 그는 마침 수마트라로 떠나는 정크선을 발견하고는 그 배에 올라탔습니다. 다시 여행자로서의 의지가 불타올랐습니다.

배는 수마트라 항구에 도착했습니다. 수마트라는 술탄이 다스리고 있었습니다. 술탄은 이븐 비투타를 반갑게 맞아 주었고 자바 섬으로 가는 이븐 바투타를 위해서 필요한 것이 잘 갖춰진 정크선 한 대를 마련해 주었습니다.

[중국 땅에 발을 디디다]

정크선은 자바 섬에서 항해를 시작한 지 34일 후에 바람 한 점 없는 망망대해에 도착했습니다. 마치 고요한 호수에 떠 있는 듯한 느낌이었습니다. 그리고 다시 50일 넘게 항해한 후 이븐 바투타는 드디어 중국 땅에 도착할 수 있었습니다. 자바 섬을 떠난 지 88일 만이었고, 인도 델리에서 술탄으로부터 중국 사절로 임명되고 나서 오랜 시간이 지난 후였습니다. 이븐 바투타는 사신으로서의 임무를 할 수 없었지만 본래 여행자로서의 역할을 충분히 할 수 있었습니다.

이븐 바투타가 처음 발을 디딘 중국 땅은 취안저우였습니다. 그곳은 그보다 100여 년 전에 이탈리아의 상인 마르코 폴로가 고향으로 돌아갈 때 출발했던 항구였으며 바다 실크로드가 시작하는 곳이기도 했습니다.

▶ **오늘날의 취안저우**
중국 푸젠 성의 항구 도시이다. 이븐 바투타는 취안저우를 아랍어로 자이툰이라고 부른다고 했는데, 자이툰은 올리브나무라는 뜻이다. 당시 취안저우에는 엄나무가 많았는데, 중국어 발음이 자이툰과 비슷해서 취안저우를 자이툰이라 불렀던 것으로 보인다.

▶ **중국 항저우의 시후 호수**
중국 저장 성 항저우 서쪽에 있는 호수이다. 한나라 때 밍성 호수라고 불렀으나 당나라 때부터는 도시 서쪽에 있다고 하여 시후 호수라고 했다. 이븐 바투타는 중국에서 항저우에도 들렀을 것이다.

취안저우 항구에는 커다란 정크선 백여 척과 셀 수도 없이 많은 작은 배들이 정박해 있었습니다. 이븐 바투타는 큰 항구 도시 여러 곳을 가 봤지만 이곳이 세계에서 가장 큰 항구일 거라고 생각했습니다. 그는 취안저우의 무슬림들을 만나 반가움의 인사를 나누고 배를 타고 운하를 거슬러 올라가 광저우에 도착했습니다. 그곳에 있는 모스크를 찾아가 기도를 올린 이븐 바투타는 머나먼 중국 땅까지 무사히 오게 해 준 알라께 감사의 기도를 드렸습니다.

운하
배의 운항이나 식용, 관개용 등을 위해 육지에 파 놓은 물길.

이븐 바투타는 또다시 대운하를 따라 원나라 황제의 궁이 있는 베이징까지 여행했습니다. 베이징에서 황제를 만나 볼 수는 없었습니다. 황제는 내부 반란을 진압하기 위해 잠시 황궁을 떠나 있었기 때문입니다.

> **원나라**
> 중국 본토를 중심으로 동아시아 전역을 지배했던 몽골족의 왕국(1271~1368).

중국은 지금까지 이븐 바투타가 여행했던 나라들과 많이 달랐습니다. 값비싼 비단 옷을 누구나 입고 다녔고, 아름다운 도자기들도 어디서나 볼 수 있었습니다. 중국은 그야말로 기분 좋은 여행지였습니다. 그러나 원나라는 정치적으로 불안정해서, 이곳저곳에서 반란이 일어났습니다. 외국인인 이븐 바투타가 머물기에는 좋지 않은 상황이었습니다. 이븐 바투타는 중국을 떠나 고향으로 가기로 결심했습니다. 고향인 모로코를 떠나온 지도 벌써 20년이 흘렀습니다. 고향도 그립고 가족과 친구들의 소식도 궁금했습니다.

바다 실크로드와 중국의 항구

이븐 바투타가 여행하던 당시에는 육지 실크로드의 교역량이 급격하게 줄어들고 10세기부터 활발했던 바다 실크로드를 이용한 교역이 더욱 활발히 이루어졌던 시기입니다. 바다 실크로드는 페르시아에서 출발해서 인도양을 지나 수마트라와 말라카 해협, 그리고 말레이 반도의 참파를 거쳐서 중국의 광저우까지 이르는 길입니다. 중국의 광저우에서 다시 취안저우, 쑤저우, 양저우, 덩저우 등의 항구를 거쳐서 동쪽으로 더 멀리 연결되었습니다. 이들 바다 실크로드가 거쳐 가는 중국의 항구들은 국제적인 도시의 모습을 갖추었습니다. 바닷길은 많은 양의 물품들을 한꺼번에 싣고 올 수 있었기 때문에 여러 가지로 편리했습니다.
한편 깨지기 쉬운 중국의 도자기는 바닷길이 열리면서 교역이 더욱 활발해졌기 때문에 바다 실크로드를 '도자기 길'이라고 부르기도 합니다.

5장 고향으로 돌아와 여행기를 남기다

이븐 바투타가 고향을 떠난 지도 벌써 20년이 넘었습니다. 그는 이제 고향으로 돌아가려고 합니다. 최초의 목적이었던 메카로의 순례 여행도 벌써 세 번이나 다녀왔습니다. 이븐 바투타는 무슬림으로서 많은 축복을 받았습니다. 고향으로 돌아가는 길도 여행의 일부였습니다. 끊임없이 새로운 세상을 보고자 했던 그에게 여행은 이제 생활이 되었습니다.

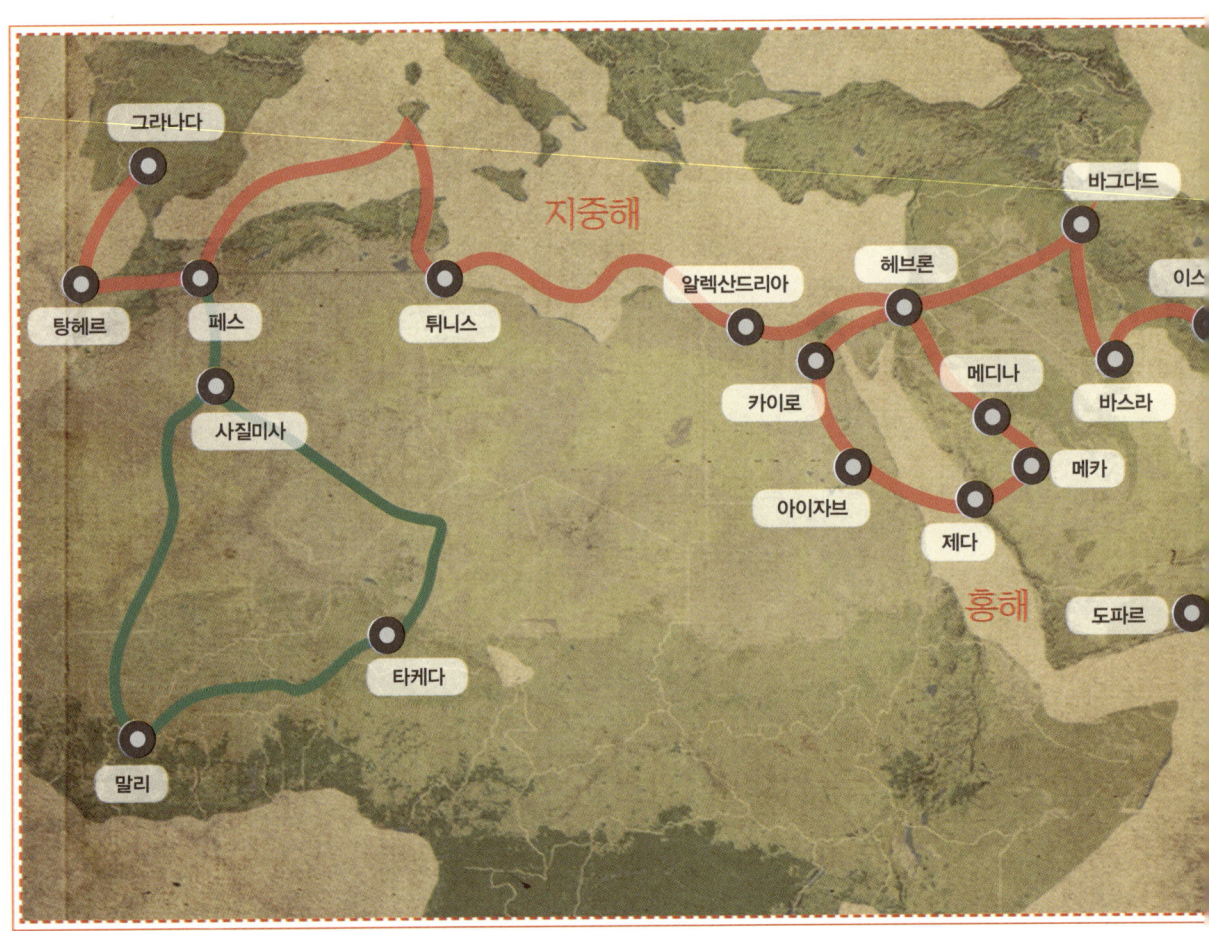

[고향 모로코로 돌아오다]

1346년 이븐 바투타는 모든 여행을 끝내고 귀향길에 올랐습니다. 중국에 갈 때처럼 바닷길을 따라 갔습니다. 중국을 떠나 20여 일 동안을 항해했을 때 갑자기 하늘이 어두워지고 바람이 바뀌면서 세찬 비가 쏟아지기 시작했습니다. 비바람에 한 치 앞도 볼 수 없어 배는 지금까지 항해했던 곳과 전혀 다른 바다로 들어가고 말았습니다. 겁이 난 선원들은 중국으로 돌아가고 싶었지만 도대체 자신들이 어디에 있는지 알 수가 없었습니다. 결국 그 상태로 42일을 보내야만 했습니다.

퀼론
인도 남서부 케랄라 주 남부에 위치한 도시. 아라비아 해에 접한 항구 도시이다.

자파르
예멘 남부의 야림 남서쪽에 위치하고 있다. 575년경 페르시아가 정복할 때까지 아라비아 남부에서 가장 중요한 지역 중 하나였지만 점차 쇠퇴했다.

다행히 길을 찾아 남인도의 퀼론에 도착할 수 있었습니다. 이븐 바투타는 퀼론에서 금식 기간이 끝난 후 열린 축제 행사에 참석하고는 다시 캘리컷으로 향했습니다. 캘리컷에서 아라비아 해를 건너 1347년 아라비아 반도의 자파르에 도착했습니다. 아라비아 반도의 이슬람 세계로 되돌아온 것입니다. 자파르에서 바그다드로 간 이븐 바투타는 바그다드에서 1348년 1월까지 머물다 다마스쿠스로 갔습니다. 이곳에서 이븐 바투타는 아버지가 돌아가셨다는 슬픈 소식을 전해 들었습니다.

"아버지께서 돌아가셨다고요? 그것도 이미 15년 전에……?"

이븐 바투타는 자신이 얼마나 오랜 세월 고향을 떠나 있었는지 새삼 깨달게 되었습니다. 그러나 다행히 어머니가 살아 계시다는 소식도 함께 전해 들었습니다. 하루라도 빨리 고향으로 돌아가 어머니를 뵙고 싶었지만 메카 근처에 온 이븐 바투타는 마지막 순례 여행길에 나서기로 했습니다. 이븐 바투타는 처음 메카로 순례 여행을 떠날 때가 떠올랐습니다. 무슬림으로서 의무를 다했다는 생각에 감격스러웠고, 큰 힘도 얻었습니다. 다시 한 번 그때의 감격을 느껴 보고 싶었습니다. 1348년 11월에 메카에 도착한 이븐 바투타는 라마단 기간 동안 금식을 하고, 1349년 2월에 순례 의식도 치렀습니다.

　의식을 마친 이븐 바투타는 고향으로 향하는 발걸음을 재촉했습니다. 지중해 서쪽 연안으로 배를 타고 탕헤르로 가기 위해 우선 알렉산드리아 항구로 갔습니다. 처음 고향을 떠날 때는 해안과 나란히 난 육로로 갔지만 귀향길은 뱃길이었습니다. 집으로 돌아갈 생각을 하니 이븐 바투타는 가족과 친구에 대한 그리움과 조국에 대한 사랑으로 가슴이 벅차 올랐습니다. 고향 탕헤르에서 그리 멀지 않은 페스를 지나면서 이븐 바투타는 어머니가 전염병인 흑사병으로 돌아가셨다는 슬픈 소식을 듣게 되었습니다.

> **페스**
> 모로코 북부에 있는 도시로 모로코 왕국의 수도였다. 중세 이슬람 세계의 종교, 예술, 학문의 중심지였다.

　이븐 바투타는 마침내 탕헤르에 도착했습니다. 그토록 그리워하던 고향 땅을 밟게 되다니, 꿈만 같았습니다. 모로코의 술탄에게 귀국 인사를 전한 이븐 바투타는 곧바로 어머니의 무덤을 찾아갔습니다. 여행가로서의 꿈을 키웠던 탕헤르 항구는 그대로였지만 알아 볼 수 없을 정도로 나이 들어 버린 친구들과 돌아가신 부모님은 이븐 바투타의 마음을 아프게 했습니다. 상심한 이븐 바투타는 병에 걸려 수개월 동안 고생했습니다.

▶ 체코 쿠트나호라 도시에 있는 흑사병 퇴치 기념비

💡 14세기 유럽을 뒤흔든 전염병, 흑사병

이븐 바투타의 어머니가 걸린 병은 흑사병 또는 페스트라고 하는 전염병이었습니다. 이 병에 걸린 사람들은 피부가 검게 썩기 때문에 흑사병이라고 불렀습니다. 1347년 킵차크 한국 부대에서 발병해서 실크로드를 따라 유럽에 퍼져 수많은 사람이 목숨을 잃었습니다. 당시 유럽 인구의 5분의 1로 줄어들었을 정도로 무시무시한 전염병이었습니다. 엄청난 사람이 죽자 노동력이 줄어들어 당시 유럽 경제의 기반을 이루고 있던 장원 제도와 봉건제도를 뒤흔들었습니다. 또한 죽음에 대한 공포와 흑사병을 고치기 위한 노력은 사람들이 미신에 지나치게 의존하는 폐해를 가져오기도 했습니다.

[이베리아 반도와 모로코를 여행하다]

겨우 병석에서 일어난 이븐 바투타는 이번에도 알라가 자신의 병을 낫게 해 주었다고 생각했습니다. 그는 알라의 뜻에 따라 알라의 왕국을 세우기 위해 전쟁을 하고 있는 이베리아 반도로 가서 전투에 참여할 결심을 했습니다. 기독교인들이 자신들의 땅을 되찾으려고 무슬림들과 싸우고 있었습니다.

> **이베리아 반도**
> 스페인과 포르투갈이 있는 유럽 남서부의 반도. 북쪽으로는 피레네 산맥이 있어 프랑스와 경계를 이루고 남쪽으로는 지브롤터 해협으로 아프리카 대륙과 연결된다.

이븐 바투타가 이베리아 반도의 그라나다를 찾았을 때는 기독교도 군대의 포위에서 벗어난 지 얼마 되지 않은 때였습니다. 그라나다 왕국은 여전히 불안정했습니다. 이븐 바투타는 직접 전투에 참여하지는 못했지만 형제들이 무사하기를 바라는 기도를 올렸습니다. 다시 모로코로 돌아온 이븐 바투타는 자신의 조국 땅 이곳저곳을 여러 달에 걸쳐 여행했습니다. 세계의 많은 나라를 여행하고 돌아보았지만 조국 땅을 밟는 마음은 그때와는 달랐습니다. 발자국이 닿는 곳 어디에서나 알라의 숨결이 느껴지고 조국에 대한 애틋함이 솟았습니다.

이븐 바투타는 페스에서 술탄인 아부 이난 파리스의 명령으로 사하라 사막의 남쪽, 흑인의 땅 아프리카로 여행을 떠나게 되었습니다. 물론 그가 가 보지 못한 땅이었기에 여행의 의미는 충분했습니다.

> **말리 왕국**
> 12세기에 말링케족이라 불리던 햄족의 한 갈래가 세운 왕조이다. 서아프리카의 중심에 위치하며 니제르 강의 연안에 있기 때문에 서아프리카의 온갖 물산이 모여드는 교역의 중심지였다.

1352년 사하라 사막을 건너 말리 왕국까지는 24일이 걸렸습니다. 이븐 바투타는 1352년 6월, 말리 왕국의 수도에서 도착했습니다. 8개월을 이곳에서 머무는 동안 2개월간 음식을 제대로 먹지 못했고 식중독에도 걸려 엄청나게 고생을 했습니다. 1353년 모로코로 돌아가려던 이븐 바투타에게 모로코의 술탄 아부 이난 파리스의 전령이 당도했습니다. 페스로 돌아오라는 명령이었습니다.

이븐 바투타는 규모가 큰 카라반의 보호 속에 페스로 향했습니다. 페스를 눈앞에 둔 아틀라스 산맥의 좁은 골짜기를 지날 때 힘들었던 지난 여행들이 떠올랐습니다. 그러나 지금보다 힘들지는 않았던 것 같습니다. 추운 겨울 날씨에 눈까지 어마어마하게 쌓여서 힘든 여행이었습니다. 1354년 1월, 그는 페스로 돌아왔습니다. 길고 긴 여행의 끝이었습니다.

▶ **알람브라 궁전**
스페인 그라나다에 있다. 에스파냐의 마지막 이슬람 왕조인 나스르 왕조(1231~1492)의 무하마드 1세 알 갈리브가 13세기 후반에 창립하기 시작해 중축과 개보수를 거쳐 완성되었다. 현재 이 궁전의 대부분은 14세기 때 만들어진 것이다. 이슬람 건축 예술의 백미로 꼽힌다. 사진 뒤에 보이는 산은 스페인 남동부에 있는 시에라네바다 산맥이다.

▶ 오늘날의 페스 전경

모로코 북부에 있는 도시로 옛 모로코 왕국의 수도이다.

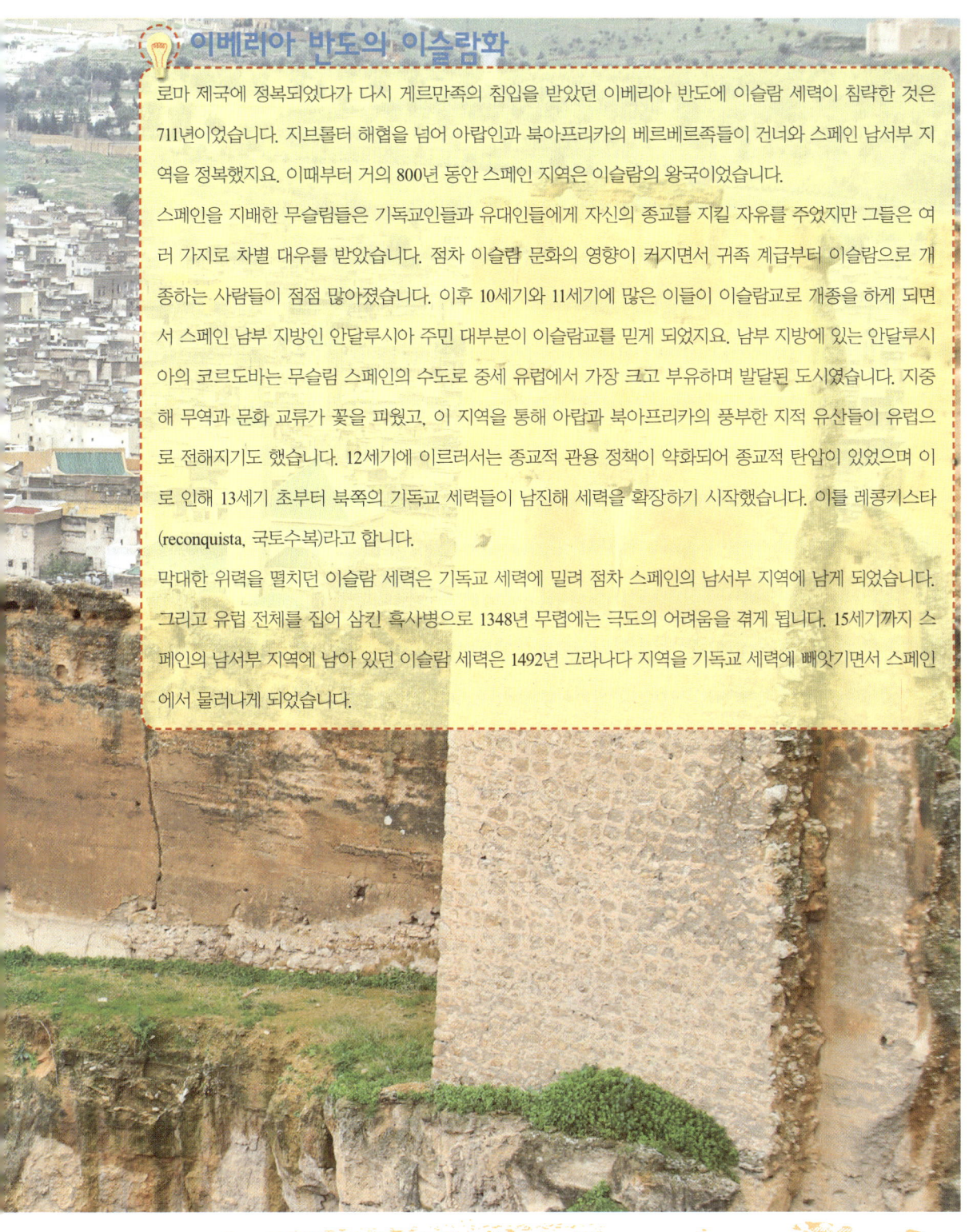

이베리아 반도의 이슬람화

로마 제국에 정복되었다가 다시 게르만족의 침입을 받았던 이베리아 반도에 이슬람 세력이 침략한 것은 711년이었습니다. 지브롤터 해협을 넘어 아랍인과 북아프리카의 베르베르족들이 건너와 스페인 남서부 지역을 정복했지요. 이때부터 거의 800년 동안 스페인 지역은 이슬람의 왕국이었습니다.

스페인을 지배한 무슬림들은 기독교인들과 유대인들에게 자신의 종교를 지킬 자유를 주었지만 그들은 여러 가지로 차별 대우를 받았습니다. 점차 이슬람 문화의 영향이 커지면서 귀족 계급부터 이슬람으로 개종하는 사람들이 점점 많아졌습니다. 이후 10세기와 11세기에 많은 이들이 이슬람교로 개종을 하게 되면서 스페인 남부 지방인 안달루시아 주민 대부분이 이슬람교를 믿게 되었지요. 남부 지방에 있는 안달루시아의 코르도바는 무슬림 스페인의 수도로 중세 유럽에서 가장 크고 부유하며 발달된 도시였습니다. 지중해 무역과 문화 교류가 꽃을 피웠고, 이 지역을 통해 아랍과 북아프리카의 풍부한 지적 유산들이 유럽으로 전해지기도 했습니다. 12세기에 이르러서는 종교적 관용 정책이 약화되어 종교적 탄압이 있었으며 이로 인해 13세기 초부터 북쪽의 기독교 세력들이 남진해 세력을 확장하기 시작했습니다. 이를 레콩키스타(reconquista, 국토수복)라고 합니다.

막대한 위력을 떨치던 이슬람 세력은 기독교 세력에 밀려 점차 스페인의 남서부 지역에 남게 되었습니다. 그리고 유럽 전체를 집어 삼킨 흑사병으로 1348년 무렵에는 극도의 어려움을 겪게 됩니다. 15세기까지 스페인의 남서부 지역에 남아 있던 이슬람 세력은 1492년 그라나다 지역을 기독교 세력에 빼앗기면서 스페인에서 물러나게 되었습니다.

[여행기를 구술하다]

페스로 돌아온 이븐 바투타는 술탄으로부터 그동안의 여행을 기록으로 남기라는 명을 받았습니다. 이븐 바투타가 말로 이야기한 내용을 당대의 명문장가인 이븐 주자이가 글로 옮겨 적었습니다. 여행기는 '이븐 바투타의 여행기(리흘라)'라는 이름으로 세상에 나오게 되었습니다.

지난 30여 년간의 여행을 되돌아본 이븐 바투타는 뿌듯했습니다. 메카로 순례 여행을 떠난 것이 1325년, 그의 나이 스물한 살 때였습니다. 탕헤르를 떠난다는 것만으로도 가슴이 벅차올랐는데…… 이제 그는 지금까지 세상의 누구보다도 많은 곳을 여행하고, 많은 것을 보고, 많은 사람을 만난 대여행가가 되어 있었습니다. 그는 이 모든 것이 알라의 축복이라는 사실을 결코 잊지 않았습니다. 그동안 만났던 많은 이슬람의 성자들과 예언자, 자신에게 환대를 베풀어 준 각 지역의 이슬람 통치자를 향한 감사의 마음도 잊지 않았습니다.

이븐 바투타는 여행기에 다음과 같은 말을 남겼습니다.

"이 모든 것은 알라의 은덕입니다. 나는 알라께 무한한 감사를 올립니다. 이번 생에서 알라의 대지를 여행하고자 한 나의 소망은 모두 실현되었습니다. 세상 그 누구도 도달하지 못한 경지에 나는 도달했다고 감히 자부합니다. 이제 남은 것은 다음 생의 일입니다. 그러나 나는 알라의 자비와 관용으로 낙원으로 들어가고자 하는 나의 소망도 반드시 실현될 거라는 강한 희망을 가지고 있습니다."

▶ 지브롤터 해협
이베리아 반도 남쪽 끝과 아프리카 대륙 서북쪽 끝과의 사이에 있는 해협.

　이븐 바투타는 오랜 여정을 마친 후에 모로코의 법관으로 생활하다가 평화롭게 낙원에 잠들었습니다. 1368년, 그의 나이 예순여섯 살이었습니다.
　이븐 바투타는 30여 년간 무려 12만 킬로미터 이상을 여행했습니다. 오늘날의 국경으로 따지면 40개가 넘는 나라를 돌아다녔습니다. 당시의 이슬람 세계는 동서로는 유럽 남부 스페인에서부터 중국까지, 남북으로는 카스피 해 연안에서부터 동아프리카 탄자니아까지 펼쳐져 있었습니다. 이븐 바투타의 여정도 동쪽으로는 중국까지, 서쪽으로는 이베리아 반도까지, 남쪽으로는 아프리카 중부까지, 북쪽으로는 러시아 남부에 이르렀습니다. 당시 거의 모든 이슬람 세계와, 이슬람 세계가 아닌 곳까지 그의 발길은 멈출 줄 몰랐습니다.
　이븐 바투타는 14세기 이슬람 세계의 모습을 최초로 한눈에 관찰했고, 그것을 기록으로 남긴 위대한 여행가로 조용히 눈을 감았습니다.

실크로드로 배우는 세계·문화·역사

○ 이븐 바투타는 어떤 사람일까요?
○ 이슬람 제국의 역사
○ 이븐 바투타가 활동했던 시기의 실크로드 세계
○ 실크로드의 동쪽, 14세기 한반도
○ 이븐 바투타가 여행한 나라들
○ 이븐 바투타의 실크로드 여행 경로
○ 세계 역사 연표

이븐 바투타는 어떤 사람일까요?

이븐 바투타는 '아부 압둘라 무함마드 이븐 압둘라 이븐 무함마드 이븐 이브라힘 알 라와티 알 툰지'라고 하는 긴 이름을 가지고 있습니다. 그의 이름 안에는 '세계에서 가장 위대한 여행가'라는 뜻이 포함되어 있지요.

이븐 바투타는 1304년 모로코의 탕헤르라는 도시에서 태어난 이슬람 법학자이며, 여행가입니다. 그는 스물한 살인 1325년에 무슬림의 의무인 메카로의 순례 여행을 시작으로 1354년 그의 나이 마흔아홉 살이 될 때까지 세 개의 대륙, 40여 나라를 여행했고 그것을 『이븐 바투타의 여행기(리흘라)』라고 하는 기록으로 남겼습니다.

이븐 바투타의 생애와 행적을 정리해 보면 다음과 같습니다.

1304년	모로코 탕헤르에서 태어남.
1325년	스물한 살 때 메카로 성지순례 떠남.
1326년	첫 번째 메카 순례.
1328년	두 번째 메카 순례.

1332년	세 번째 메카 순례.
1333년	인도에 도착.
1342년	중국 사절단으로 인도를 떠남.
1346년	고향 모로코로 돌아가는 귀향길에 오름.
1354년	30여 년의 긴 여행을 마침.
1355년	『이븐 바투타의 여행기』 완성.
1368년	사망.

　　그가 여행을 했던 14세기는 몽골이 이슬람 세계를 침입해서 폐허가 된 곳이 많았으며, 몽골의 직접 지배를 받는 곳도 많았습니다. 그리고 흑사병이라는 무서운 전염병이 아시아, 유럽, 북아프리카를 휩쓸어 수많은 사람의 목숨을 앗아간 때였습니다. 그럼에도 이슬람이 세계의 어떤 세력보다도 강력한 힘을 발휘하고 있었습니다. 당시 알려져 있던 세 개의 대륙 중에서 두 개의 대륙이 이슬람의 세계였지요. 그래서 이븐 바투타의 여행길은 다른 시기, 다른 여행자보다 편안하고 쉬웠습니다. 이슬람의 형제애는 이슬람의 땅 어디에서나 이븐 바투타를 호의와 환대로 대접해 주었습니다. 이것이 이븐 바투타 12만 킬로미터라는 놀라운 여행을 한 번도 쉬지 않고 30여 년간을 지속할 수 있었던 가장 큰 이유입니다. 또한 여행자로서 타고난 이븐 바투타의 성격은 그의 여행과 여행의 기록을 풍부하게 만들어 주었습니다. 그의 호감 있는 성격은 그가 만난 많은 무슬림들, 특히 술탄과 정치인 및 무슬림 학자들과 쉽게 가까워질 수 있게 했습니다. 그로 인해 이븐 바투타는 다른 여행자들이 쉽게 할 수 없었던

여러 가지 다양한 경험을 했고, 생각지도 않았던 낯선 땅을 여행할 수 있었습니다.

그가 구술하고 이븐 주자이라는 편집자가 기록해서 편찬한 『이븐 바투타의 여행기』에는 이러한 사람들과의 만남뿐만 아니라 여행의 조건에 관한 구체적인 사실들, 여행의 방법과 방문한 나라의 역사와 정치적 상황, 그리고 사람들의 풍습과 문화에 대해서도 상세히 기록되어 있습니다. 또한 그가 남긴 여행기는 그 시대의 이슬람 세계를 포함한 여러 곳의 정치, 사회, 문화, 종교 등에 관해 자세히 기록한 매우 귀중한 자료이기도 합니다.

『이븐 바투타의 여행기』는 인류가 간직해야 할 소중한 문화유산 중 하나로 인정받고 있습니다. 그의 여행기가 중요한 이유 중 하나는 중세 동서양인들의 서로 다른 생활상과 자연지리적 환경까지 포괄한 다른 기록물은 찾아보기 어렵기 때문입니다. 『이븐 바투타의 여행기』는 중세 이슬람 문명을 이해하는 지침서일 뿐만 아니라 실존했던 인물들을 다루는 인물 사전이라는 평가를 받기도 합니다. 또한 당시의 동서 교류의 중요한 길이었던 실크로드의 육로와 바닷길을 구체적으로 전해 주고 있다는 점에서 가치가 있습니다.

『이븐 바투타의 여행기』는 오늘날의 이슬람을 이해하는 중요한 자료가 되기도 합니다. 무슬림이 단지 신문과 뉴스에 테러와 전쟁 그리고 여성 억압의 주역으로 등장해서 사람들에게 두려움을 주는 주인공이 아니라는 것을 역사적으로 이해하는 열쇠를 제공해 주기도 합니다.

이슬람 제국의 역사

▶ 이슬람 제국의 발전

「이슬람교의 탄생」

이슬람교는 지금의 사우디아라비아에 있는 메카라는 도시에서 태어난 예언자 무함마드(570~632)가 알라의 계시를 받아 사람들에게 전하면서 탄생한 종교입니다. 예언자 무함마드는 610년 무렵부터 메카의 아랍인들에게 유일신 알라를 믿으라고 전도 활동을 벌였지만 메카의 보수적인 귀족층의 박해를 받게 되면서 622년 메디나로 이

▶ 천사 가브리엘
가브리엘은 모든 천사들을 관장하는 천사로, 무함마드에게 알라의 계시를 전달했다.

주하게 되었고, 이곳에서 이슬람은 크게 성장했습니다. 그래서 메카와 함께 메디나는 이슬람의 2대 성지가 된 것입니다.

　이슬람은 알라(아랍어로 하나님이라는 뜻) 앞에서 사람들은 모두 평등하다는 교리를 가지고 있었고, 평화와 형제애 그리고 자선 활동을 강조하는 종교였습니다. 그래서 가난한 백성들에게 큰 호응을 얻었고, 빠르게 전파되었습니다. 큰 세력을 얻게 된 무함마드는 이슬람 군대를 이끌고 메카와 세 번의 전쟁을 벌였고, 결국 630년에 메카를 점령했습니다. 무함마드는 아라비아 반도를 통일할 무렵인 632년에 사망합니다.

「정통 칼리프 시대(632~661)와 우마이야 왕조 시대(661~750)」

　그의 뒤를 이어 후계자가 된 사람들을 '칼리프'라고 하고, 이들이 다스리던 시기를 '정통 칼리프 시대'라고 합니다. 이때부터 이슬람은 본격적으로 세력을 확장해 갔습니다. 서쪽으로 이집트와 북아프리카로 진출하고, 동쪽으로는 페르시아를 정복해서 대제국을 건설했습니다.

　아랍인들은 이슬람 신앙을 중심으로 대외 정복 활동에서는 단결된 모습을 보였지만, 내부적으로는 칼리프 계승을 두고 많은 다툼을 벌였습니다. 시리아 총독이었던 무아위야가 여러 내분을 수습하고 칼리프를 세습제로 바꾸면서, 정통 칼리프 시대의 막을 내리고 우마이야 왕조(661~750)가 탄생했습니다. 하지만 아바스 왕조가 일어나 우마이야 왕조는 멸망했습니다. 이후 우마이야의 일족인 아브드 알라흐만 1세가 스페인으로 도망가 나라를 세웠습니다. 우마이야 왕조를 다시 일으켜 세웠기 때문에 후(後) 우마이야 왕조(756~1031)라고 합니다. 후 우마이야 왕조는 빠르게 성장했고, 771년경에는 스페인 서부에서부터 북부 아프리카, 아시아의 아프가니스탄에 이르는 광대한 영토를 다스리게 되었습니다.

「아바스 왕조 시대(750~1258)」

우마이야 왕조의 뒤를 이은 아바스 왕조 시대를 이슬람의 황금시대라고 부릅니다. 아바스 왕조는 751년 탈라스 전투에서 중국 군대를 무찌르고 중앙아시아의 넓은 평원으로까지 영토를 확장하게 됩니다. 바그다드를 새로운 수도로 정한 아바스 왕조는 학문, 예술, 과학을 발전시키고 세계 교역과 문화의 중심지로서 역할을 했습니다. 그러나 각 지방에서 정치, 군사적으로 실권을 가진 총독들이 점차 독립하면서 아바스 왕조 칼리프의 권력이 서서히 약화되기 시작했으며, 여러 독립 왕조로 분열되기 시작했습니다.

10세기 말 아바스 왕조의 세력이 약화될 무렵 중앙아시아에서 내려온 튀르크족의 일족인 셀주크튀르크가 이슬람 영토였던 아랄 해 부근으로 와서 정착하고 셀주크 제국를 세우게 됩니다. 무슬림이었던 셀주크튀르크의 술탄은 시리아와 팔레스타인 지역을 정복하고 비잔티움 제국과 소아시아 지역까지 점령해서 새로운 이슬람의 통치자가 되었습니다. 그러나 십자군 전쟁 이후 셀주크 제국이 무너지고 몽골의 침입과 흑사병의 창궐로 이슬람 세계의 전통적인 중심부가 점차 약화되기 시작합니다. 결국 1258년, 아바스 왕조는 몽골의 침입을 당해 멸망하게 됩니다.

「아랍 왕조 이후의 이슬람 제국」

아랍인들의 왕조였던 아바스 왕조가 멸망한 후에 이슬람 제국은 오스만 제국과 티무르 제국, 인도의 무굴 제국 등 튀르크족에게 지배권이 넘어가게 됩니다.

13세기 말에 아나톨리아 서북부의 유목민이며 무슬림이었던 오스만 1세가 세운 오스만 제국은 15세기 말까지 발칸 반도와 아나톨리아의 전 지역을 정복했고, 흑해 북해안과 에게 해의 섬들까지 세력을 뻗칩니다. 1512년에는 이집트의 맘루크 왕조를 멸망시키고 맘루크 왕조가 소유하고 있던 이슬람교의 2대 성지인 메카와 메디나의 보호권마저 장악해 이슬람 세계의 맹주로 군림하게 됩니다.

한편 14세기 중반 이후 차카타이 한국 재상의 아들이며, 독실한 이슬람교도였던 튀르크인 티무르가 중앙아시아와 북인도를 점령해서 사마르칸트를 수도로 하는 티무르 제국(1370~1507)을 건설합니다. 이후 티무르 제국은 소아시아와 페르시아, 비잔티움 지역까지 세력을 확대해 대제국을 건설하고, 16세기에는 티무르 왕조의 왕자 바부르가 페르가나 왕이 된 뒤, 인도를 침략해 무굴 제국(1526~1857)을 수립하기도 했습니다.

이븐 바투타가 활동했던 시기의 실크로드 세계

　　이븐 바투타는 14세기의 육지 실크로드와 바다 실크로드를 두루 여행했습니다. 다른 누구보다도 그 시기 실크로드의 상황을 가장 잘 알고 있었던 사람이라고 할 수 있지요. 그는 전통적인 실크로드 오아시스 길의 서쪽 출발지, 혹은 도착 지점인 알렉산드리아(남로)와 콘스탄티노플(북로)을 모두 여행했고, 오아시스 길의 주요 도시였던 부하라, 사마르칸트, 발흐 등의 도시를 거쳐 인더스 강가에 도착했습니다. 이븐 바투타가 여행했던 실크로드 육로의 나라들은 당시 몽골군과의 전쟁으로 많은 곳이 폐허가 되어 있었습니다. 하지만 여전히 동서양의 잇는 육지 교역로로서 기능을 하고 있었습니다.

　　이븐 바투타가 여행하던 시기인 14세기 초, 트란스옥사니아 지역(아무다리야 강과 시르다리야 강 서쪽의 지역으로 오늘날 우즈베키스탄과 카자흐스탄, 투르크메니스탄의 일부 지역에 해당)과 아프가니스탄의 발흐 등의 지역은 킵차크 한국과 차카타이 한국의 지배하에 있었습니다. 그러다 티무르가 티무르 제국을 건설한 이후 티무르 제국이 실크로드 육로를 지배하면서 동서 교역을 독점하게 되었습니다. 티무르 제국의 왕들은 학문, 예술을 보호했으며 티무르 제국은 화려한 궁정 문화를 꽃피운 중앙아시아 최고의 번영기를 누리게 됩니다.

　　한편 이븐 바투타가 방문했던 당시의 중국은 몽골족의 원나라(1271~1368)가 통치하고 있었습니다. 이븐 바투타가 안전하고 여행하기 좋다고 했던 원나라는 서서히 내부의 통치가 느슨해지면서 폭동이 자주 일어나게 되고, 결국 한족의 반란으로 멸망하고 맙니다. 그 자리에는 주원장이 세운 한족의 나라 명(1368~1644)이 서게 됩니다. 명나라는 원과 달리 국경을 폐쇄했습니다. 그러면서 중국을 멀리 유럽까지 연결해 주던 육지 실크로드는 번성하던 교역로로서의 자리를 잃게 되었습니다.

실크로드의 동쪽, 14세기 한반도

이븐 바투타가 여행했던 시기 한반도는 고려(918~1392) 시대였습니다. 이 시기 중국과 국경선을 두고 있는 한반도 역시 몽골의 침략을 받게 됩니다. 몽골은 1231년 고려를 처음 침략한 것을 시작으로 30여 년간 여섯 차례 이상 침략했습니다. 무신 정권이 권력을 잡고 있었던 고려는 강화도로 수도를 옮기면서 끈질기게 저항했지만 결국 몽골에게 패하고 말지요. 이후 1270년 개경으로 환도한 고려는 원나라가 망할 때까지 고려의 왕이 원나라의 공주와 결혼하는 원나라의 사위의 나라가 되어 원나라의 간섭을 받게 되었고, 금, 은, 비단, 인삼 등의 조공도 바치는 등 굴욕적인 세월을 보내게 됩니다. 또한 고려 내부에서는 원나라의 세력을 등에 업은 권문세족이라는 집단이 백성들뿐만 아니라 왕의 개혁까지 간섭하고 방해하며 권력을 누렸습니다. 이들 권문세족은 원나라와의 교류가 활발해지면서 몽골어를 통역하는 자, 원에 가서 출세한 자, 또는 그 친척으로 이루어진 집단이었습니다.

고려 제31대 왕이었던 공민왕은 원의 세력에서 벗어나고 자주성을 되찾고자 하는 개혁 정치를 펼칩니다. 공민왕의 개혁 정치는 비록 실패로 끝났지만 새로운 정치 세력인 신진 사대부가 성장할 수 있는 길을 터놓는 계기가 되었습니다. 신진 사대부라 불렸던 세력은 당시에 들어온 성리학의 영향을 받아 도덕과 명분을 중시했습니다. 또한 권문세족과는 달리 과거시험을 통해 관리가 된 사람들로 이루어졌습니다.

한편 고려 말에는 홍건적과 왜구가 자주 침입했고, 이들의 침입을 물리치는 과정에서 신흥 무인 세력이 등장하게 됩니다. 대표적인 인물로 함경도의 이성계가 있었습니다. 고려 말의 새로운 세력이었던 신진 사대부 세력과 이성계가 이끄는 신흥 무인 세력은 권문세족에 맞서 고려를 개혁하는 데 뜻을 모으게 됩니다. 때마침 원을 멸망시킨 명이 고려에게 철령 이북의 땅을 넘겨 달라는 요청을 하고, 이 기회에 요동을 정벌하자는 권문세족 일파와 요동 정벌에 반대한 이성계와 신진 사대부가 갈등하게 됩니다. 조정의 뜻에 따라 어쩔 수 없이 요동 정벌에 나섰던 이성계는 압록강의 위화도에서 군대를 돌려 개경으로 돌아와 우왕을 폐하고 공양왕을 세웠습니다. 이후 이성계는 사회모순의 척결을 꾸준히 주장해 온 정도전, 조준 등 신진 사대부들과 힘을 합쳐서 과전법을 만들어 사전(私田)의 폐단을 극복하는 동시에 새로운 국가의 경제적 토대를 마련했습니다. 신진 사대부 세력의 지지를 받은 이성계가 조선을 세우고 고려는 멸망합니다.

▶ 이븐 바투타가 여행한 나라들

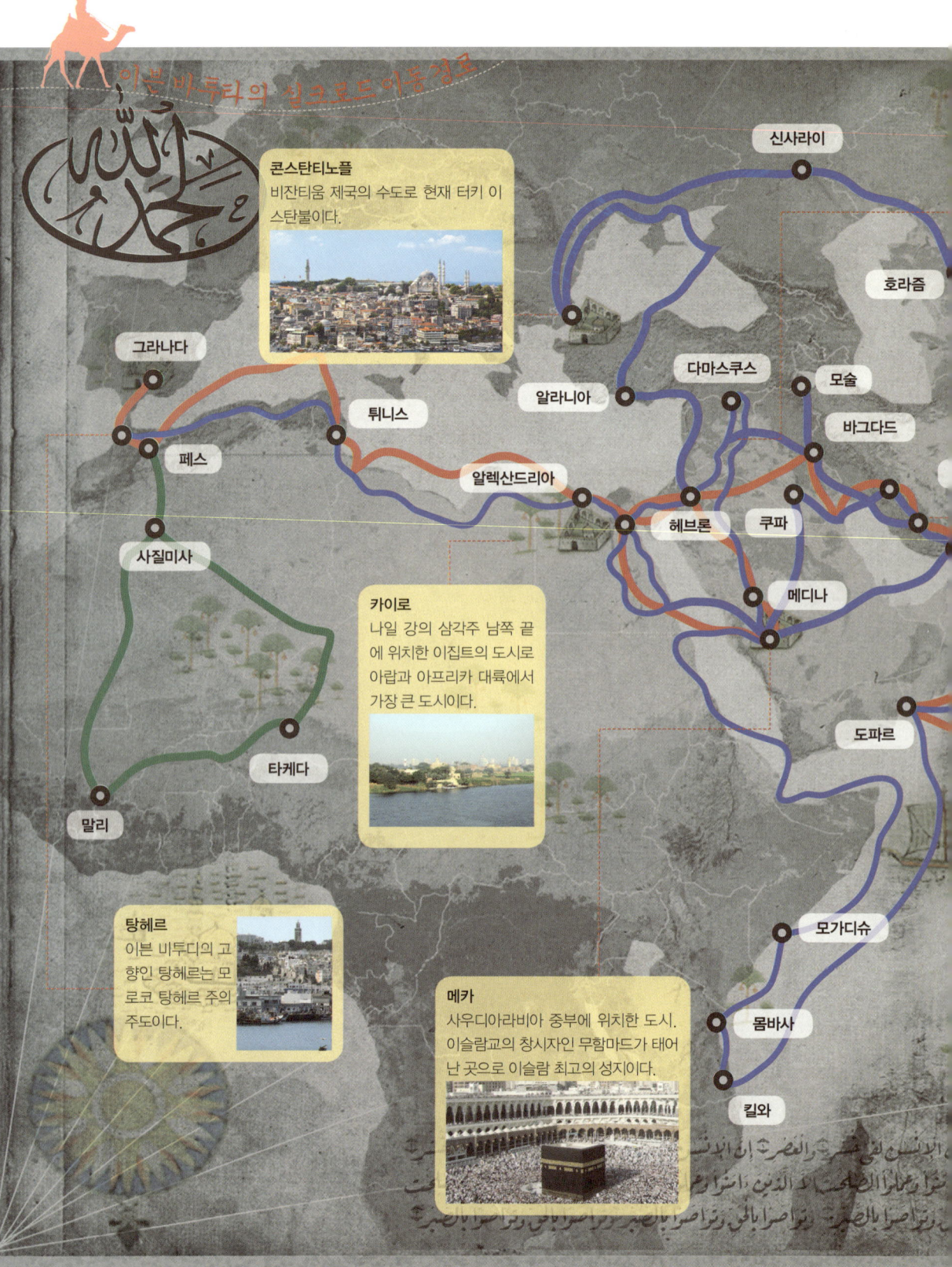

세계 역사 연표

	세계	동양	한국
13세기	-1241 한자 동맹 결성 -1265 영국 의회 성립	-1206 칭기즈칸 즉위 -1271 원 건국 -1299 오스만 제국 건국	-1231 몽골 1차 침입 -1270 고려 개경 환도, 삼별초의 대몽 항쟁
14세기 유럽 중세 (~14세기) 근대 (15세기~) \ 북아프리카 이슬람 왕조, 마린 왕조 (1195~1470)	-1324 마르코 폴로 사망 -1325 이븐 바투타 메카로 성지순례 떠남 -1338 영국, 프랑스, 백년 전쟁 (~1453) -1347 전 유럽에 흑사병 유행 (~1351) -1368 이븐 바투타 사망 -1378 교회의 대분열	원나라 (1271 ~ 1368) -1310 오고타이 한국 멸망 -1338 일본, 무로마치 막부 성립 \ 명나라 (1368 ~ 1644) -1351 원, 홍건적의 난 -1368 원 멸망, 명 건국 -1369 티무르 왕조 성립 -1380 티무르, 인도 침입 \ 오스만 제국 (1299 ~ 1922) -1405 정화, 대항해 시작	고려 -1352 공민왕의 배원 정책 -1359 홍건적의 침입 -1363 문익점 원에서 목화씨 가져옴 -1388 위화도 회군 -1392 고려 멸망, 조선 건국
15세기	-1414 콘스탄츠 공의회 -1429 잔다르크, 영국군 격파 -1453 비잔티움 제국 멸망 -1455 영국, 장미 전쟁 발발 -1445 구텐베르크, 활판 인쇄술 발명 -1479 에스파냐 왕국 성립 -1492 콜럼버스, 아메리카 항로 발견 -1497 바스쿠 다 가마, 인도 항로 발견	-1421 명, 베이징으로 천도 \ 티무르 왕조 (1369 ~ 1500) -1467 일본, 전국시대 시작	조선 -1418 세종 즉위 -1441 측우기 제작 -1443 훈민정음 창제 -1446 훈민정음 반포

찾아보기

ㄱ

가브리엘 136
고려 87, 140, 141, 146
교역 5, 7, 87, 91, 94, 95, 98, 109, 117, 124, 137, 139, 140
구도자 40, 64, 77, 78
권문세족 141
그라나다 20, 22, 118, 123, 125, 127
금식 기간 35, 48, 49, 120
기독교 46, 48, 50, 78, 80, 81, 90-92, 113, 123, 127, 145

ㄴ

나일 강 41, 43, 44, 48, 72, 78, 144

ㄷ

다마스쿠스 18, 20, 24, 44, 45, 48-52, 120, 135, 144
다섯 기둥 38

ㄹ

델리 16, 17, 21, 87, 100-106, 108, 115, 145
도자기 길 117
돔 26, 46, 48

라마단 35, 38, 48, 121
러시아 87-89, 94, 97, 99, 129, 142
리비아 37, 73, 142
리흘라 128, 132

ㅁ

마르코 폴로 8, 115, 146
말라바르 109
말라카 해협 117
말리 20, 124, 142, 144
메디나 38, 44, 49, 52, 53, 83, 118, 135, 136, 138, 144
메카 28, 32, 38-40, 43-45, 51-54, 56, 68, 83, 118, 132, 135, 136, 138

모술 20, 54, 69, 144
모스크 26, 27, 29, 30, 45, 46, 48, 50, 58, 60, 71, 81, 89, 92, 95, 104, 116
몰디브 7, 21, 100, 112, 143, 145
몸바사 20, 54, 74, 144
몽골 7, 23, 66, 80, 86, 87, 94, 97, 133, 138, 140, 141
무굴 제국 105, 138
무함마드 22, 28, 30, 35, 38, 45, 46, 49, 52, 53, 56, 58, 70, 135, 136
물탄 21, 100, 102, 103, 135, 145
미너렛 95, 96

ㅂ

바그다드 20, 51, 54, 56, 67-69, 87, 88, 118, 120, 137, 144
바다 실크로드 9, 101, 109, 112, 115, 117, 139
바스라 54, 57, 58, 60, 118
바위의 돔 46, 48
바자르 42, 89
발흐 76, 98, 139

베들레헴 24, 45, 90

베르베르족 31, 72, 73, 127

베이징 21, 87, 100, 117, 119, 145

벵골 100, 114

보스포루스 해협 86, 92

볼가 강 87, 88, 94

부하라 21, 76, 95, 97, 135, 139, 145

불교 98, 112, 113

비잔티움 제국 51, 80, 87, 90, 92, 135, 137, 144, 146

뾰족탑 58, 82, 92, 95, 106

ㅅ

사마르칸트 76, 87, 97, 98, 138, 139

사만 영묘 95

사우디아라비아 6, 7, 22, 28, 53, 71, 135, 142, 144

사절단 108-110, 112, 133

사하라 18, 31, 73, 124

산호초 74, 112

살라트 28, 38

샤이흐 35, 64, 107, 114

성 소피아 대성당 92

성지 25, 28, 32-34, 38-40, 45, 46, 49, 52, 55, 56, 83, 90, 112, 136, 138, 144

셀주크튀르크 80, 83, 92, 137

소말리아 22, 73, 142

소아시아 69, 80, 92, 137, 138

수마트라 100, 114, 117, 119, 145

숙영지 88

순례 32, 34, 38, 39, 45, 51-53, 55-57, 68, 107, 108, 121, 128, 132, 133

술탄 27, 61, 66-70, 74, 77, 83, 88-92, 94, 101-103, 105-108, 114, 115, 121

시나이 반도 44-46, 48, 78

시노페 76, 81, 86

시라즈 20, 54, 64-67, 119, 145

시르다리야 강 94, 139

신사라이 20, 76, 87, 88, 90, 91, 144

실론 섬 112

ㅇ

아나톨리아 40, 79-83, 85, 92, 99

아담 47, 53, 113

아담스 피크 산 113

아라비아 반도 32, 40, 43, 44, 71, 72, 120, 136

아무다리야 강 94, 97, 139

아바스 왕조 56, 70, 135, 137, 138

아브라함 45-48, 53

아이자브 24, 43, 44, 71, 118

아프가니스탄 98, 99, 137, 139, 143

알라 26, 28, 38, 39, 52, 55-61, 65, 70-72, 76-79, 95, 106-109, 128, 135, 136

알라니아 76, 79

알람브라 궁전 125

알렉산드로스 대왕 39, 66, 80, 97

알렉산드리아 37, 39, 41, 70, 118, 121, 135, 139, 144

알 무르시디 39-41, 70, 78

알 사디 64

알아잘라 88

알제리 31, 35, 73, 142

예루살렘 24, 45-48, 90, 145

예멘 40, 71, 72, 78, 113, 120, 142

예수 45, 46

오스만 제국 51, 73, 80, 92, 138

우마이야 모스크 50

찾아보기

우마이야 왕조 50, 135-137
우즈베키스탄 95-97, 139, 143
원나라 117, 139, 140, 141, 146
유대인 46, 47, 81, 127
이라크 18, 22, 51, 56, 67-69, 88, 142
이란 7, 18, 22, 60, 63, 64, 65, 66, 88, 94, 142, 145
이맘 28, 62, 63
이베리아 반도 123, 127, 129
이븐 주자이 18, 128, 134
이스라엘 45-48, 142, 145
이스탄불 91, 92, 144
이스파한 54, 61, 63, 64, 67, 69
이슬람 왕조 63, 102, 105, 125, 146
이집트 37, 39-43, 46, 71, 72, 78, 88, 135, 136, 138, 142
인더스 강 16, 17, 22, 102, 103, 139
일 한국 66, 67, 87, 88

자위야 58, 65, 85, 94
자파르 120
정크선 9, 110, 111, 114-116
제노바 78
제다 71
중앙아시아 22, 88, 97, 99, 137-139
지브롤터 해협 123, 127, 129
지사 57, 68
지중해 35-37, 41, 43, 44, 46, 51, 73, 78, 79, 86, 99, 121, 127
질바 71

ㅊ

차가타이 한국 87
취안저우 100, 111, 115-117, 119, 145
칭기즈칸 63, 87, 94, 97, 98, 146

ㅈ

자그로스 산맥 60
자바 섬 7, 114, 115

ㅋ

카라반 34, 35, 84
카바 신전 52, 53

카스피 해 88, 94, 99, 129
카이로 41-45, 76, 78, 87, 118, 135
카이세리 76, 83, 84
칼리프 22, 50, 56, 58, 70, 135, 136, 137
캘리컷 21, 100, 109, 110, 114, 119, 120, 145
콘스탄티노플 76, 90-92, 99, 135, 139, 144
쿠란 28-30, 32, 36, 59, 64, 82
쿠파 54, 56, 57, 135, 144
퀼론 120
키질쿰 사막 95
킬와 54, 74, 75, 144
킵차크 한국 86-88, 97, 123, 139

ㅌ

탕헤르 30-32, 36, 39, 73, 102, 118, 121, 128, 132, 135, 144
터키 79-81, 83, 86, 91, 92, 99, 142, 144
튀니지 22, 31, 36, 73, 142

트리폴리 37

티그리스 강 69

티무르 제국 97, 138, 139

패트리아크 동굴 47

페르시아 32, 42, 60, 63-67, 69, 75, 80, 97, 117, 120, 135, 136

페스 118, 121, 124, 126, 128, 144

피트르 35

하맘 61

헤브론 45, 47, 118, 144

호라즘 76, 87, 94, 97, 135, 144

홍해 32, 43, 44, 48, 71, 72

흑사병 121-123, 127, 133, 138, 146

흑해 81, 86, 99, 138

희생제 37

힌두교 106, 108, 109, 113

힌두쿠시 산맥 14, 15, 98, 99, 101

ㅍ

파키스탄 102, 103, 143

팔레스타인 45-48, 137

ㅎ

사진 출처_

12-13 터키 카파도키아, 15 힌두쿠시 산맥, 27 쿠투비아 모스크, 29 알라께 기도를 드리는 어린이들, 30 쿠란, 31 탕헤르 항구, 34 카라반, 36 튀니스, 39 알렉산드리아 항구, 41 카이로의 나일 강, 42 바자르, 45 베들레헴의 예수 탄생 교회, 47 헤브론의 패트리아크 동굴, 48 바위의 돔, 50-51 다마스쿠스 우마이야 모스크, 53 카바 신전, 59 대추야자 열매, 62-63 이스파한의 이맘 광장, 65 시라즈의 포도 농장, 66 페르시아 유적, 68 바그다드, 75 베르베르족, 75 킬와 키시와니 섬 유적, 79 파묵칼레, 81 터키 동굴 유적, 84 카이세리의 술탄 하니, 86 흑해, 89 볼가 강, 91 터키 이스탄불, 92-93 술탄 아흐메드 모스크, 95 사만 영묘, 96 히바의 미너렛, 98-99 힌두쿠시 산맥, 103 인더스 강, 104-105 델리의 마스지드-이-자한 누마 모스크, 106 코뿔소, 113 아담스 피크 산, 115 취안저우, 116 항저우 시후 호수, 122 흑사병 퇴치 기념비, 125 알람브라 궁전, 126-127 페스, 129 지브롤터 해협, 144 메카, 145 예루살렘 ©dreamstime 33 13세기 성지순례, 108-109 캘리컷 항구 © wikipedia

지도 그림_

이븐 바투타의 실크로드 여행 경로, 몽골 제국과 4한국, 이슬람 제국의 발전 ©차영훈

박유상

서울대학교 심리학과와 교육학과 대학원을 졸업하였으며 현재 어린이와 청소년을 위한 책을 기획, 집필하고 있습니다. 역사는 지혜의 보고라고 생각하며 어린이들에게 사람들이 살아온 생생한 이야기인 역사를 보다 재미있고, 진지하게 전해 주기 위해 이런저런 고민과 시도를 해 보고 있습니다.

지은 어린이 책으로는 『집과 건축 이야기 33가지』, 『초등교과서 단어의 비밀』, 『세상 모든 아이들의 어머니, 마리아 몬테소리』, 『어디에 쓰던 물건일까』 등이 있습니다.

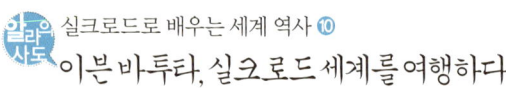

실크로드로 배우는 세계 역사 ⑩
이븐 바투타, 실크로드 세계를 여행하다

박유상 지음

1판 1쇄 펴냄 2012년 6월 29일
1판 3쇄 펴냄 2014년 8월 16일

펴낸이 김정호
펴낸곳 아카넷주니어

편집 정정희
마케팅 최금순, 우세웅
제작관리 박정은

등록 2006년 11월 23일(제2-4510호)
주소 100-802 서울 중구 남대문로 5가 526 대우재단빌딩 16층
전화 02-6366-0519(편집) 02-6366-0514(주문) **팩스** 02-6366-0515
전자우편 editor@acanet.co.kr **홈페이지** www.acanet.co.kr

ISBN 978-89-97296-12-5 74900
　　　978-89-965640-2-7(세트)

*아카넷주니어는 학술, 고전 전문 출판사인 아카넷의 어린이·청소년 브랜드입니다.
*책값은 뒤표지에 있습니다.